아픔과 실수, 시련의 끝자락에 선
바로 우리 삶의 이야기

다윗도 그랬다

우병선 지음

다윗도
그랬다

ⓒ 생명의말씀사 2014

2014년 4월 30일 1판 1쇄 발행
2014년 5월 30일   2쇄 발행

펴낸이 | 김재권
펴낸곳 | 생명의말씀사

등록 | 1962. 1. 10. No.300-1962-1
주소 | 서울시 종로구 경희궁1길 5-9(110-062)
전화 | 02)738-6555(본사) · 02)3159-7979(영업)
팩스 | 02)739-3824(본사) · 080-022-8585(영업)

지은이 | 우병선

기획편집 | 박영경
디자인 | 조현진
인쇄 | 영진문원
제본 | 정문바인텍

ISBN 978-89-04-16457-8 (03230)

저작권자의 허락 없이 이 책의 일부 또는 전체를
무단 복제, 전재, 발췌하면 저작권법에 의해 처벌 받습니다.

다윗도
그랬다

프롤로그

이스라엘 국기 가운데는 큰 별 하나가 그려져 있다. 이 별은 다윗의 '방패', 또는 다윗이 처음 이스라엘의 왕이 되어 세웠던 도시인 '시온' 을 의미한다고 한다. 곧 다윗을 상징하는 것이다. 그럼 왜 이스라엘인은 국기에 그 '별'을 넣었을까? 생각하건대, 이스라엘의 역대 왕조 중 다윗 때에 이스라엘이 가장 찬란한 전성기를 누렸기 때문일 것이다.

이스라엘 초대 왕인 사울의 리더십 실패로 나라가 산산이 분열되자, 이스라엘은 민족을 하나로 묶어 안정시킬 다음 리더십이 필요했다. 이런 시대적 요구에 맞춰 세워진 다음 리더십은 비로소 이스라엘을 정치적, 종교적, 문화적으로 번영시켰고, 비전 있는 강성한 국가로 재탄생시켰다. 이 중심에 선 리더십이 바로 다윗이었다. 사울에 이어 다음 지도자가 된 그는 놀랄 만한 업적을 역사에 새겨 넣었다. 이후 유대인들은 그 영광을 재현하고자 다윗을 상징하는 별을 이스라엘 국기에 그려 넣었다. 그들에게 다윗은 역사상 가장 존경받을 만하며, 닮고 싶은 삶의 본이자, 이스라엘의 과거와 미래를 이어주는 신앙의 단초인 것이다.

비단 유대의 역사 속에서만이 아니다. 성경에서도 다윗은 매우 큰 비중을 차지한다. 사무엘 상·하가 이스라엘 왕조의 시작부터 다윗의 주요 통치를 다룬다는 점과 150여 편의 시편 중 73편의 시가 다윗의 시라는 점 등을 보면 성경이 다윗에 얼마나 집중하고 있는지를 알 수 있다.

비기독교인들도 다윗에 관련된 웬만한 이야기는 상식으로 알고 있다. 영어권 국가에서는 오늘날에도 다윗(DAVID)을 따라 지은 이름을 많이 사용한다. 시간이 흐를수록 다윗은 기독교 문화 안에서만 국한되는 것이 아닌, 모든 역사 속 인물 중에서도 인생의 롤 모델로 삼고 싶은 위인이 되었다. 다윗이라는 인물이 역사에 남긴 위대한 족적이 지금까지도 큰 영향을 미치고 있는 것이다.

그런데 보통 '다윗' 하면 떠오르는 이미지가 있다. '골리앗을 무너뜨린 용감무쌍하며, 신앙 좋고 뛰어난 능력을 가진 자'라는 것이다. 정말 다윗은 그런 인물이었을까? 타고난 자질이 뛰어나서, 또는 외적인 조건과 능력이 탁월하여서 다윗이 오늘날까지도 성경 안팎에서 존경받는 인물이 되었을까?

물론 그가 사무엘에 의해서 다음 이스라엘을 이끌어갈 재목으로 선택되기는 했다. 그러나 이스라엘의 첫째 왕 사울 또한 '기름 부음'을 받은 자였다. 똑같이 기름 부음 받았지만 두 사람 인생의 말미는 극명하게 갈린다. 단지 '기름부음' 받았다는 이유만으로는 다윗의 인물됨을 설명하기에 크게 부족한 것이다.

다윗은 절대 타고난 인물이 아니었다. 출신, 성품, 배경, 심성 등 많은 부분을 살펴보아도 우리네 보통 이들과 별반 다를 바 없었다. 특히 그의 내면을 자세히 들여다 볼 수 있는 시편의 다윗의 시 내용을 보면 더욱 그렇다. 어쩌면 그가 일반인보다도 심약한 사람이 아닌가 하는 의심이 들 정도도. 한 나라의 왕이 되기에, 또 성경에서 끊임없이 회자되는 인물이라 보기에 그에게는 결격 사유가 많았다.

그렇다면 다윗은 어떻게 오늘날 이스라엘 역사를 통틀어 주목받는 인물이 될 수 있었을까? 무엇이 보통 사람 다윗을 '위인'이자 '의인' 다윗으로 만들었을까? 어떤 힘이 그를 위대한 성군이 되게 하였을까?

목차

프롤로그 · 04

1부 시련은 모질고 길었다

1. 초라한 배경이었다 · 12
2. 사랑받지 못한 어린 시절이었다 · 16
3. 인정받지 못하고 무시를 당했다 · 24
4. 극한의 환경에 내몰렸다 · 32
5. 거룩한 싸움에 직면했다 · 39
6. 진격의 거인 앞에 서다 · 48
7. 목적을 향한 길에 엘리압이 있었다 · 58
8. 지독한 상사에게 시달렸다 · 70
9. 시련은 모질고 길었다 · 79

2부 끝자락에 몰리다

10. Burn Out! 끝자락에 몰렸다 · 94
11. 안티들의 미움과 증오를 받아냈다 · 106
12. 혈기가 끓어올랐다 · 115
13. 성공 이후, 추악한 죄에 빠졌다 · 125
14. 다시 시작할 수 있을까? · 138
15. 믿었던 이에게 배신을 당했다 · 151
16. 가정이 무너졌다 · 158
17. 병에 짓눌렸다 · 176

3부 정복자가 되다

18. 품었던 꿈이 막혔지만…… · 190
19. 섭리를 믿다 · 196
20. Animal Spirit이 아닌 Holy Spirit으로! · 206
21. 매일의 오늘을 만늘다 · 218
22. 마스터플랜이 준비되다 · 227
23. 그리스도인, 정복자가 되다 · 240

에필로그 · 248

David

1부

시련은 모질고 길었다

1.
초라한 배경이었다

베들레헴 사람 이새에게로 보내리니
이는 내가 그의 아들 중에서 한 왕을 보았느니라 하시는지라(삼상 16:1).

    사람들은 세상에서 성공하기 위해서는 배경이 중요하다고 이구동성으로 말한다. 틀린 말은 아니다. 더 좋은 배경을 가진 사람에게 기회가 더 주어지는 경우가 많기 때문이다. 그렇기에 배경의 여하에 따라 우리 인생이 잘 풀리기도 하고 때론 꼬일 수도 있다고 보는 이도 있다.
    다만 잊지 말아야 할 것은 배경이 사람의 인생을 결정하는 데에 절대적이지는 않다는 점이다. 즉, 배경에 따라 인생의 승패가 가려지는 것은 아니다. 그렇게 보일 수는 있어도, 그게 다는 아니다. 다윗이 그랬다.

시골뜨기 소년 다윗

다윗의 삶으로 들어가 보자. 우선 그의 출신은 베들레헴, 즉 예루살렘에서 남쪽으로 9km 떨어진 작은 마을이었다. 대부분이 목초지였던 이곳에서 다윗의 아버지 이새도 목축업을 했다. 아들이 여덟에, 경제적으로 그리 넉넉하지 않았기에 어린 막내 다윗까지 집안 생업에 종사해야만 했다. 사정이 이렇다 보니 다윗은 가축밖에 모르는 전형적인 '시골뜨기'나 다름없이 자랐다. 지금으로부터 무려 삼천 년 전의 시골, 얼마나 열악했을지 상상이 가는가? 다윗에겐 변변한 책은 물론, 체계적으로 교육과 양육을 시켜줄 이도 없었다. 그저 산과 들에서 양과 염소 등의 가축을 돌보는 것이 전부였다. 훗날 이 시골 소년이 왕이 되어 이스라엘을 재건해 번성하게 하리라고는 어느 누구도 짐작하지 못했을 것이다.

출신 배경이 사람 인생의 운명을 결정짓는다면, 그게 인생이라면 다윗은 목동으로 태어나 평생 목동으로 살아야만 했다. 그러나 그 작은 목동은 한 나라의 왕이 되어 무너진 나라를 재건했고 끊어졌던 하나님과 이스라엘의 신앙을 다시 이어주는 가교 역할을 해냈다. 그의 영향력은 끊임없이 성경과 세계 역사에서 회자되고 있다. 한 나라의 왕은 위대하고 한 동네의 목동은 그렇지 않다는 말이 아니다. 지닌 은사에 따라서 목동이 왕이 될 수 있고 역으로 왕의 자리에서 내려와서 목동이 될 수도 있다. 중요한 것은 출신과 배경이 나의 인생의 방향을 결정짓지 못한다는 것이다.

안타까운 것은 운명론적 사고에 억눌려 스스로에게 한계를 지우는 것이다. 잘못된 믿음대로 되어 버리는 것이다. 하나님은 우리 인생을 그렇게 설계하지 않으셨다. 자신의 운명을 각자의 은사와 비전에 맞게 자유롭게 개척해 나가도록 창조적으로 만드셨다. 정해진 프로그램에 맞춰져 모든 결과가 정해지는 기계 같은 삶이 아니다. 기계만이 운명이 정해져 있다. 인간은 생각하고 고민하고 스스로의 삶을 개척하도록 지음 받았다. 운명론에 빠져 있는 것은 기계적 삶이자 육적인 삶을 사는 것이다. 우리가 추구할 영적인 삶은 주어진 배경을 창조적으로 극복하고 부지런히 인생을 개척하는 것이다. 그렇기에 우리 삶에는 역동적 도전과 열정이 필요하다.

하나님 외에 완벽한 배경이란 없다

우리 운명이 이미 정해져 있고 그것을 그대로 따라가는 것이 순리라는 통념을 거부하라. 알코올 중독자 부모를 배경으로 둔 아이, 사창가에서 태어난 아이의 인생도 분명 달라질 수 있다. 우리가 너무나 잘 아는 링컨의 인생을 보자. 그는 지독히도 가난한 가정에서 자랐고 계속해서 고통스러운 일들을 겪었다. 가족이 불행하게 죽고, 사업이 실패하고, 정신이상으로 병원에 입원하고, 선거에서 계속 낙선하는 등 쓰라림의 연속이었다. 만일 링컨이 이런 상황들을 운명으로 받아들이고 따르는 기계적 삶을 살았다면 어땠을까?

우리는 삶의 배경을 놓고 원망할 때가 많다. 좀 더 외모가 잘났다면, 좀 더 좋은 학력을 가졌다면, 좀 더 건강하게 태어났더라면, 가정의 상처가 없었더라면, 그런 불행한 일이 일어나지 않았더라면……. 그러나 어느 누구도 완벽한 조건을 갖고 태어나는 이는 없다. 우리가 누군가를 부러워하기 때문에 그렇게 보일 뿐이다. 설사 그런 조건을 다 갖추고 있다 해도 오히려 그 완벽해 보이는 배경이 가슴 뛰는 삶의 도전과 의욕을 나태하게 만들기도 한다.

  자신의 배경이 변변찮다는 무력함을 느낄 때가 있다. 그것이 내 인생의 장애라고 느껴질 때도 있다. 다윗도 그랬을 것이다. 그러나 하나님이 다윗의 배경이 되어 주셨다. 다윗이 그토록 붙잡았던 그 하나님은 나에게도 동일하시다. 다윗에게 지대한 관심을 가지신 그분은 나에게도 그러하시다. 내가 그렇게도 걱정하는 그 미래를, 그분도 심사숙고 하신다. 세상이 우리의 배경을 보고 차갑게 등을 돌릴지라도 하나님은 등을 돌리시지 않는다. 다윗의 삶은 그런 하나님의 증거이다.

2.
사랑받지 못한 어린 시절이었다

내 부모는 나를 버렸으나 여호와는 나를 영접하시리이다(다윗의 시 27:10).

아프지 않은 손가락

부모의 사랑을 많이 받은 아이는 마치 햇살을 가득 받고 자란 나무들이 우거진 숲과 같다. 사랑을 많이 받고 자랄수록 풍성한 숲처럼 건강한 자아상을 갖게 되며 그 자아상은 건강한 삶을 살도록 돕는다. 하지만 이와는 반대로 어린 시절에 많은 상처를 받으며 성장했다면, 상대적으로 자아상을 바르게 세우는 것이 더욱 어려울 것이다.

인간생태학 교수 칼 필레머의 연구에 따르면, 둘 이상의 자녀를 둔 어머니들의 70%가 자녀를 편애한 적이 있다고 답했다. 그리고 편애를 받은 자녀 중 75%는 그런 어머니의 편향적 애정을 느꼈다고 한다. 더욱 가슴 아픈 것은 실제 조사 대상자 가운데 편애를 겪고 자란 사람일수록 우울증 등 내면의 상처가 컸다는 사실이다. 한 배에서 난 자식이라도 부모 사랑의 여하에 따라 자녀의 인격과 삶이 달라질 수 있음을 보여준다.

다윗은 여덟 형제 중 막내였다. 지금이야 막내가 가정에서 귀여움을 독차지한다지만 당시는 장자 중심의 사회로, 막내의 어리광이 허용되지 않았다. 다윗의 아버지 이새도 자식들 가운데 장남을 가장 총애했다. 단적인 예로 대선지자 사무엘이 새로운 리더십을 찾아 그의 가정을 찾았을 때의 일을 들 수 있다. 아버지 이새는 사무엘에게 일곱 형제 모두를 소개시켜주었지만 다윗만은 예외시켰다. 그 시각 다윗은 홀로 쓸쓸히 들판에서 양을 지키고 있었다. 나머지 일곱 명의 형제는 저마다 깨끗한 옷으로 갈아입고 당대 최고 영도자를 만나기 위해 분주한데, 막내 아들인 다윗만 제외된 것이다.

물론 이런 아버지 이새의 결정에 대해 다른 해석도 있다. 사무엘과 만나기로 한 장소가 제사를 드려야 하는 곳이기에 어린 막내를 데리고 가기에는 무리였다는 해석이다. 그러나 아버지의 부족한 사랑을 메우기에는 모자란 해석이다. 다른 아들들처럼 막내에 대한 사랑이 각별했더라면 사자나 곰이 나올 법한 들판에 홀로 보내지 않았을 것이기 때문이다. 그리고 아들의 미래를 생각했다면 제사 후에라도 사무엘을 따로 만나게 하고 싶지 않았을까? 집안의 귀한 손님을 만나는데 자신만 소외시킨다면 마음이 어떻겠는가? 다윗이 홀로 들판을 지키는 장면을 상상하면 마음 한편이 짠하기까지 하다.

게다가 성경에는 다윗의 어머니에 대한 기록이 거의 없다. 겨우 발견하는 구절은 다윗이 사울에 쫓겨 도망 다니던 시절에 부모의 안위가 걱정되어 모압 왕에게 부모를 부탁한 장면뿐이다(삼상 22:3). 다윗의 성장 과정 중에 어머니의 영향이 그리 크지 않았거나 넉넉히 모성애를 누릴 만한 가정환경이 아니었음을 추측하게 한다. 하긴 자식이 여덟이나 되니 어머니도 힘에 부쳤을 것이다. 그렇기에 다윗은 어린 시절부터 집안 허드렛일을 도맡고 형들의 시중을 들어야 했던 것이 아니었을까?

이뿐만이 아니었다. 위로 형들이 일곱이나 있었지만 형들로부터 '내리 사랑'을 받기보다는 기 한 번 펴지 못하고 눈칫밥을 먹으며 지내야 했다. 큰 형인 엘리압이 블레셋과 전쟁 중에 있을 때를 보아도 그렇다. 다윗이 격려 차 도시락을 주러 가자 엘리압은 전쟁 구경하러 왔냐며 혼냈다. 평소 엘리압이 다윗을 대하는 태도를 가늠할 수 있는 대목이다.

이런 가정의 쓴 뿌리는 다윗에게 인격 장애가 생기게 할지도 모를 일이었다. 아버지와 형제들을 향한 분노, 피해의식, 그로 인한 우울증 등을 겪으며 살 수도 있었을 것이다. 그러나 이런 가정 환경이 다윗 인생의 발목을 잡지 못했다. 오히려 그는 이스라엘 역사에서 가장 존경과 사랑을 받는 왕, 성경에서 가장 매력적인 인물이 되었다. 어떻게 그럴 수 있었을까?

이미 큰 사랑을 받았다

부모로부터 내버려둠을 당할 때 이를 '유기'라고 한다. 남길 유(遺), 버릴 기(棄), 남겨야 할 부분을 인위적으로 버리는 것이다. 허나 정상적인 부모라면 가슴앓이 없이 자식을 버릴 수는 없다. 유기를 정당화할 수는 없지만 다들 구구절절한 사연들은 있기 마련이다. 비단 이런 경우 외에도 한집에서 살지만 부모와 자식 간의 유대 관계가 전혀 없는 '암묵적 유기'도 있다. 가정을 돌보지 않고 일에 치여 사는 부모, 알코올 중독에 빠진 부모, 가정폭력을 자행하는 부모, 유기라고는 할 수 없겠지만 불의한 사고로 부모가 어린 시절에 일찍 생을 마감하여 편부, 편모, 고아가 되는 경우 등이 그렇다. 어떤 식으로든 부모의 슬하에서 세심하게 사랑을 받지 못한 채 성장한다는 것은 커다란 불행이다. 이는 우리 성장과정에 부정적 영향을 미칠 수 있다.

하지만 가정에서의 이러한 애정결핍 속에서도 이를 극복하고 초월할 수 있다. 다윗은 그런 환경에서 태어나 자랐지만 그것이 그의 삶에 영향을 주지 못했다.

내 부모는 나를 버렸으나 여호와는 나를 영접하시리이다.

이 본문은 문자적으로 부모가 다윗 자신을 버렸다는 의미보다는 하나님의 사랑이 그만큼 부모의 사랑을 뛰어넘는다는 고백에 더 가깝다. 이해를 돕기 위해 다른 번역을 보면,

내 부모는 나를 버릴지 몰라도 여호와는 나를 맞아주실 것입니다(현대인의 성경).

설사 가정에서 유기를 당할지라도 하나님으로부터 기대와 사랑을 충

분히 공급받을 수 있다는 신앙고백이다. 다윗은 육신의 부모가 있지만 그 이전에 자신이 위대한 하나님의 자녀임을 알고 있었다. 이 같은 자의식은 부모에게서 충족되지 못한 사랑을 충분히 채우고도 남았다. 사실 우리가 응당 받아야 할 사랑의 권리는 처음부터 받은 것이다. 이미 하나님의 큰 사랑을 받았다. 그래서 내가 이 세상에 존재할 수 있다. 하늘의 새도 하나님의 허락이 없이는 떨어지지 않는다고 한다. 미물에 불과한 새도 하나님의 허락에 따라 존재한다면 그분의 형상을 닮은 우리야 어떻겠는가? 예기치 않게 태어난 아이일지라도 하나님이 허락하지 않았다면 그 생명은 잉태 자체가 불가능하다.

저주받은 인생이란 없다. 하나님의 사랑을 알지 못한 채 살아가는 인생이 불행할 뿐이다. 예수 그리스도를 죽기까지 버려두심을 통해 우리를 택하신 하나님의 사랑은 부모의 부족한 기대와 사랑을 넉넉히 뛰어넘게 해준다(요 3:16).

부모의 사랑을 받지 못해 스스로 괴로워한 적이 있는가? 그런 부모 형제에게 복수하기 위해 자학하며 시간을 헛되이 쓴 적이 있는가? 안타까운 일이다. 화목한 가정에서 많은 사랑을 받고 자랐더라면 좋았을 것이다. 하지만 우리는 부모를 선택할 수 없다. 내가 누군가에게서 태어났다면 그들이 내 부모가 되는 것이다. 그 부모는 다정다감할 수도 있고, 자식에 대해서 무책임하고 못된 부모일 수도 있다. 때론 질병이나 불의의 사고로 일찍 돌아가실 수도 있다. 편모, 편부, 고아가 될 수도 있다.

그러나 이런 환경을 꼭 불행하다고 단정지을 수는 없다. 인생의 결말은 끝에 가봐야 알 수 있기 때문이다. 타고난 환경은 내가 선택한 것이 아니지 않는가! 어느 누가 자신의 부모를 택할 수 있겠는가? 나의 잘못이 아니다. 그렇다면 내가 태어난 환경 속에 분명 하나님께서 계획하신 어떤 뜻이 있지 않을까?

아픔의 사슬을 끊는 믿음

이즈음에서 다윗보다 좀 더 기구한 생을 겪었던 요셉의 삶도 짚고 넘어가 보자. 요셉의 엄마는 4명이었다. 큰 엄마, 작은 엄마, 작은 작은 엄마, 낳아준 진짜 엄마. 불행히도 그의 진짜 엄마는 일찍 돌아가셨다.

아버지는 그런 요셉이 안쓰러워 좀 더 신경을 썼지만 그것은 형제들의 시기심을 불러일으킬 뿐이었다. 형제들의 시기, 질투 섞인 견제가 극에 달했을 때 고등학교 1학년 나이밖에 안 된 청소년 요셉은 형제들로부터 깊숙한 구덩이에 파묻혀 살해의 위협을 당했다. 다행히 지나가는 행인덕에 목숨은 건졌지만 하필이면 그 행인이 노예상이라 종으로 팔려갔다. 그뿐인가? 종살이를 하던 중에는 성범죄 미수 누명을 쓰고 감옥까지 갔던 기구한 인생이었다.

문제 많은 가정에서 자랐고 험난한 사춘기를 보냈다. 여과 없이 말하면 완전히 콩가루 집안 출신이었다. 그러나 성경은 그가 불행했다고, 그런 부모 형제를 만나서 불행한 인생이었다고 말하지 않는다. 요셉 스스로도 자신의 인생을 기구하거나 불행했다고 말한 적이 단 한 번도 없다. 그의 인생에 이 가정사가 발목을 잡지 않았기 때문이다. 후에 인생 역전하듯 이집트의 국무총리가 되었을 때 오히려 자신을 살해하려던 형들을 만나 이렇게 말한다.

당신들은 나를 해하려 하였으나 하나님은 그것을 선으로 바꾸사 오늘과 같이 많은 백성의 생명을 구원하게 하시려 하셨나니(창 50:20).

하나님께서 육체와 영혼이 굶어 죽어가는 사람들을 살리기 위해 자신의 모든 악조건을 선한 것으로 바꾸셨다고 생생히 증언한다. 상상해보라. 요셉은 당장 시퍼런 복수의 칼날을 형들 머리 위로 꽂을 수 있는 위치에 올랐다. 예전의 그가 아니다. 그러나 자신의 위치를 복수의 자리로 이용하지 않는다. 과감히 용서한다. 요셉의 이 말을 들었을 때 형들의 마음이 어떠했을까? 아마 가슴 깊은 곳에서부터 올라오는 자신들의 범죄에 대한 후회와 동생에 대한 죄스러움이 철철 넘쳤을 것이다.

하나님은 요셉을 사랑하셨고 요셉 또한 하나님을 사랑했다. 요셉은 그를 향한 하나님의 넓은 사랑을 믿었다. 그 믿음이 삶의 매 순간 쌓이고 쌓여 요셉을 만들었다. 그렇기에 그에게 가정의 장애는 더 이상 인생의 장애가 아니었다. 그간 겪은 가정사는 아픔의 연속이기는 했지만, 하나님은 그런 자신을 지켜주시고 앞길을 예비해주실 것이라는 확신이 있었다. 그 믿음이 요셉을 만들었다.

내가 중학교 2학년 때 아버지께서 심장마비로 돌아가셨다. 당시 어머니는 서른여덟, 150cm도 안 되는 키에 마르고 작은 체구의 여인이었다. 젊은 나이에 남편을 잃고 어머니에게는 반지하 7평짜리 단칸방과 키워내야 할 두 어린 아들만이 남겨졌다.

아버지의 장례를 마치고 며칠 후, 늦은 밤에 세 식구가 구정물이 흐르는 하천 앞에서 유품을 태웠다. 아버지의 운동화, 구두, 옷……. 어머니는 넋이 나간 채 표정 없이 유품이 타는 것을 바라보고 계셨다. 나는 어린 마음에 문득 걱정이 되고 무서워 어머니에게 다가가 말했다.

"엄마, 울지 마……."

그때 어머니가 하셨던 대답은 내게 평생 잊지 못할 말씀이 되었다.

"엄마 안 울어. 아빠는 이제 없다. 그런데 우리는 아직도 네 식구야. 엄마, 병선이, 네 동생, 그리고 하나님. 앞으로 하나님께서 아빠의 빈자리를 채워 주실 거야."

지금으로부터 20여 년도 더 전의 일이다. 그리고 어머니의 말씀대로 정말 하나님께서 우리 가정의 가장이 되어 주셨다. 그동안 아버지의 빈자리를 넘치도록 채워 주셨다. 앞으로도 함께해주실 것을 우리 가정은 믿는다. 지금 생각해보면 어떻게 어머니는 그 절망적 상황에서 어린 아들에게 그런 말씀을 하실 수 있는지 놀라울 뿐이다. 아마도 하나님의 사랑에 대한 강한 믿음이 있었기에 가능하지 않았겠는가?

아픈 가정사를 지녔을지라도, 그래서 그 상처가 심부에 맺혀 있을지라도 그것이 우리 인생의 발목을 잡을 수 없다. 하나님은 나쁜 것도 선하게 만드시는 분이다. 그 모든 것이 합해져서 선이 될 날이 올 것이다. 나를 낳은 것은 하나님이시기에 아픔의 사슬을 끊고 전진하는 자녀를 격려하실 것이다.

너는 내 아들이라 오늘 내가 너를 낳았도다(시 2:7).

하나님이 세상을 이처럼 사랑하사 독생자를 주셨으니(요 3:16).

3.
인정받지 못하고 무시를 당했다

또 사무엘이 이새에게 이르되 네 아들들이 다 여기 있느냐
이새가 이르되 아직 막내가 남았는데 그는 양을 지키나이다(삼상 16:11).

수면(水面)에서 수면(睡眠)하고 있는

교회에서 제자훈련의 다음 과정인 사역훈련을 하면 말씀 훈련의 강도가 상당히 높아진다. 특히 그중에서도 훈련생들이 가장 힘들어하는 부분은 총 39절에 이르는 로마서 8장의 암송이다. 로마서 8장은 구속사역의 요체를 담고 있기에 전체를 암송하게 되면 신앙적으로 큰 도움이 된다. 그런데 처음부터 해보지도 않고 절대 못 외운다는 훈련생들이 있다. 이런저런 이유를 대며 처음부터 아예 외우려는 생각조차 하지 않거나 스스로의 능력을 한정짓는 것이다. 그러나 그들을 격려하고 끊임없이 가능성을 심어 주면 어느 순간 훈련생들은 39절의 말씀을 모두 암송한

다. 육십 대 중반의 어떤 수료생은 전체를 암송하면서 자신에게 얼마나 많은 가능성과 잠재력이 있는지 깨달았다는 고백과 함께, 왜 이전에는 스스로를 과소평가했는지 후회하셨다. 단순히 암송에 얽힌 이야기가 아니다. 우리는 종종, 아니 자주 하나님께 이미 받은 능력의 보물을 과소평가하거나 잊고 살 때가 많다.

마태복음 25장의 달란트 비유만 봐도 그렇다. 어느 날 주인이 세 명의 종에게 각각 5개, 2개, 1개의 달란트를 맡기고 여행을 떠났다. 잘 아는 대로 5개, 2개 받은 자는 이윤을 남겼지만 1달란트 받은 자는 그것을 땅속에 묻어둔 채 허송세월하다 주인이 되돌아왔을 때 내쫓김을 당했다는 이야기이다. 여기서 여러 복잡한 이야기는 차치하고 달란트 하나만을 보자.

'달란트'는 고대 서아시아와 그리스(헬라)에서 쓰인 화폐의 단위였다. 여러 화폐단위 중에서 달란트는 당시 최상의 화폐였는데 역사 전문가마다 차이가 있지만 보통 한 달란트의 가치를 금 35kg정도로 추산하고 있다. 금 1g이 지금 시세로 45,541.36원이었다(2014년 3월 기준). 그렇다면 금 35kg은 35,000g이므로 총 1,593,947,600원이라는 계산이 나온다. 현시대로 재해석하면 약 16억 원이 금 한달란트의 가치다. 그럼 5달란트 받은 자는 80억이었고, 2달란트는 32억이었으며, 1달란트 받은 자도 16억이라는 큰 금액을 받은 것이다. 그런 엄청난 금액을 주인은 자기 종들에게 맡겼다.

이 비유에서 주인은 하나님이고 종은 사람을 상징한다. 하나님은 모든 인간에게 이런 달란트로 비유되는 은사와 재능을 주었기에, 마지막 날

주 앞에 설 때 정당하게 평가받는다는 메시지를 담고 있다.

누구에게나 달란트는 주어진다. 이는 부모가 물려주는 물질적 유형을 넘어 타고나는 어떤 분야의 소질, 자질을 포함한 것이다. 이를 가장 잘 표현하는 단어가 잠재력(潛在力)이다. 잠길 잠, 있을 재, 힘 력. 어떤 힘이 있는데 그 힘이 아직은 수면 아래로 잠겨 있다는 뜻이다. 5달란트, 2달란트 보다는 적지만 1달란트 그 자체로도 큰 환산가치가 있듯이, 인간의 내면이라는 수면(水面)에서 수면(睡眠)하고 있는 잠재력은 놀랄 만한 능력이다.

그렇기에 나의 의지와 결단에 따른 실행 여하로 5, 2달란트 받은 자들처럼 배가 되기도 하고 1달란트 받은 자처럼 그대로 있기도 하고 아니면 감소하기도 한다. 하나님이 하신 일의 토대에서 인간이 할 수 있는 일이 있는데, 인간은 땅을 만들 수 없지만 그 땅을 개간해서 농사를 지을 수는 있다. 활용도에 따라 이 잠재력은 깊은 수면에서 적절한 때를 만나면 서서히 가능성으로 드러나고 열매라는 결과로 나타난다. 마치 땅속에 있던 원석의 잠재력이 깎이고 닦이면서 결국에는 다이아몬드가 되듯이 말이다.

알래스카의 매매 이야기는 재차 들어도 흥미롭다. 알래스카를 쓸모없는 얼음 땅덩이로 치부하여 헐값에 넘긴 러시아 황제 알렉산드로 2세, 그리고 자국민에게 혈세를 낭비했다는 지탄을 받으며 알래스카를 산 미국의 국무장관 윌리엄 스워드의 이야기다. 하지만 곧 기막힌 일이 벌어졌다. 알래스카는 무궁무진한 자원을 갖고 있을 뿐만 아니라 생태계가 가장 잘 보존된 지상 최고의 보고였던 것이다. 같은 땅을 보고도 두 사람의 시각 차이로 나라 살림살이까지 뒤바뀐 역사다.

우리의 잠재력, 가능성이 때론 정당하게 평가받지 못할 때가 많다. 그러나 우리의 잠재력과 가능성은 어떤 평가와도 무관하다. 알래스카라는 땅의 무한한 가능성을 러시아가 보지 못했다 하여 그 가능성이 사라지는 것이 아니었듯이 말이다.

하나님만이 나를 아신다

아버지 이새는 막내의 잠재력을 전혀 알아보지 못했다. 여덟 명의 아들 중 다윗은 막내 그 이상도, 그 이하도 아니었다. 그저 양을 치기만 하면 되는 그런 존재였다. 사무엘이 그의 아들들을 소개해달라고 했을 때 막내는 아예 그 자리에 있지도 못하게 했던 이유가 무엇이었겠는가? 아버지는 다윗에게서 일말의 가능성도 찾지 못했기 때문이다. 그러나 다윗의 잠재성은 사무엘을 통해서 깨우쳐졌다. 그전까지 사무엘은 다윗을 한 번도 만난 적 없고 소문조차 들은 적이 없었다. 그럼에도 불구하고 하나님의 놀라운 개입으로 다윗의 진가를 드러내는 역할을 담당했던 것이다.

아버지 이새의 판단과 달리 하나님 아버지가 보시기에 그는 단순한 목동이 아니라 용사였다. 무한한 가능성을 지니고 있었다. 양치기라 하여 단순히 양만 쳤던 것이 아니다. 양을 치다가 사자나 곰을 만나도 그 맹수들과 맞붙을 만한 소년 장수였다. 골리앗과 붙여놔도 충분히 승산이 있다고 보신 것이다.

하나님은 우리의 머리카락 수까지도 모두 아신다. 하나님은 늘 우리를 지켜보고 계시며 세심하게 속속들이 다 아시기에 우리는 그분을 속일 수도, 그분께 무엇을 감출 수도 없다. 우리는 자기 자신을 잘 안다고 생각하지만 다시 한 번 자신을 들여다보라. 나는 정말 나를 잘 아는가? 내가 진정 좋아하고 가슴 뛰는 일이 무엇인가? 나의 적성과 은사는 무엇인가? 나의 성품은 정확히 어떤가? 내가 할 수 있는 역량은 어디까지인가? '나'라는 좁디좁은 개체도 제대로 인식하지 못한 채 삶을 마감하는 것이 우리다.

아버지 이새만 아들 다윗의 능력을 몰랐던 것이 아니다. 사실 다윗도 그 자신을 잘 몰랐다. 자신에게 어떤 잠재력이 있으며, 그 잠재력이 앞으로 어떻게 조국 이스라엘을 통해 하나님의 영광을 드러내는 데 사용될지 그도 몰랐다. 그가 가진 자질과 달란트는 하나님만 정확히 알고 계셨다. 그런 하나님이 사무엘이라는 사람을 보내어 그의 잠재력을 끄집어 내셨다. 다윗의 잠재력이 꽃피는 순간이 온 것이다.

무시와 폭언을 겪으며

"넌 할 수 없어! 그게 네 한계야! 넌 어떻게 하는 게 만날 그 모양이냐? 내 그럴 줄 알았다. 그러면 그렇지……."

잘못된 교육 방법을 가진 부모나 스승 또는 주위 사람들로부터 이런 폭언을 들으며 자랐거나 부정적 교육을 받았는가? 아니면 거듭되는 환경의 실패로 낙심한 나머지 도전하고 모험하고자 하는 마음조차 가질 수 없게 되었는가?

공격적인 외부의 소리에 귀를 막고 두려움에 사로잡힌 내면의 소리를 강하게 거부하라. 믿음과 확신의 열쇠로 그 감옥 문을 열고 나오라. 나에 대해서 나 자신도 제대로 모르는데 어찌 타인이 나를 평가하고 재단할 수 있겠는가?

다윗도 그 잠재력이 드러나기 전까지 여러 사람에게 무시를 당했다.

아버지의 무시

또 사무엘이 이새에게 이르되 네 아들들이 다 여기 있느냐 이새가 이르되 아직 막내가 남았는데 그는 양을 지키나이다(삼상 16:11).

형제의 무시

큰형 엘리압이 다윗이 사람들에게 하는 말을 들은지라 그가 다윗에게 노를 발하여 이르되 네가 어찌하여 이리로 내려왔느냐 들에 있는 양들을 누구에게 맡겼느냐 나는 네 교만과 네 마음의 완악함을 아노니 네가 전쟁을 구경하러 왔도다(삼상 17:28).

적장 골리앗의 무시

그 블레셋 사람이 둘러보다가 다윗을 보고 업신여기니 이는 그가 젊고 붉고 용모가 아름다움이라(삼상 17:42).

만일 다윗이 그들에게 무시당했던 대로 자신의 인생을 의기소침하게 살았다면 지금 우리가 기억하는 다윗은 없었을 것이다. 다윗의 잠재력은 이런 주위 사람들과 적의 무시들을 뚫고 나와 마침내 현실로 이루어졌다. 사람의 무시는 하나님의 인정을 무너뜨리지 못한다. 초월자이신 하나님이 내게 달란트를 이미 주셨다고 하는데 고작 사람의 무시가 우리의 가능성을 어찌 밟을 수 있겠는가?

　나를 무엇보다 사랑하시고 내 잠재력을 높게 평가하시는 하나님, 그분께서 나를 그토록 가능성 있게 평가하시는 이유는 무엇일까? 나의 능력 역시 하나님이 주셨기 때문이다. 절대자가 절대적 신관을 갖고 피조물에게 주었기에 우리가 받은 그 능력은 이미 충족된 상태다. 어떤 것보다 고귀하다. 그리고 그 선물을 완성할 수 있도록 사무엘 같은 조력자를 보내주셨듯이 오늘날 내게도 그런 이를 보내주신다. 그렇기에 나를 향한 하나님의 기대를 잊지 말아야 한다. 나는 하나님의 무한한 가능성이며 하나님의 꿈을 이루어 드리기 위해 태어났다. 이런 신념의 진일보는 잠재력이 열매 맺는 날을 앞당겨준다.

　이런 믿음 하에 우리 편에서 할 수 있고 해야 하는 것은 평소의 성실함과 도전이다. 만일 다윗이 골리앗과의 대면을 의도적으로 피했다면, 물맷돌을 돌리지 않았다면 과연 그의 잠재력이 드러났을까? 시도도 하지 않은 채 이루어지기를 바라는 것은 믿음이 아니라 공상이다. 그 잠재력을 드러내고자 도전하지 않는다면 조금의 가능성도 일어나지 않는 법이다. 마치 1달란트 받은 자처럼…….

　비에 맞지 않으려면 밖에 나가지 않으면 된다. 그걸 원한다면 그냥 그렇게 가만히 서서 인생을 보내면 된다. 다만 언젠가 하나님 앞에 섰을 때, 주어진 것을 게으름과 소심함으로 썩히고도 고개를 빳빳이 들 수 있는 담력이 있다면 말이다. 주변의 무시에 나도 나를 낮게 평가하지 말자. 진정한 잠재력의 씨앗은 모욕이라는 비바람을 통과하고 인내를 거칠 때 만개한다. 누구도 하나님의 형상인 나를 재단하지 못하게 마음을 굳건히 하자. 어느 순간 하나님의 놀라운 가능성을 실현할 자신을 기대하며…….

여호와여 주께서 나를 살펴보셨으므로 나를 아시나이다 주께서 내가 앉고 일어섬을 아시고 멀리서도 나의 생각을 밝히 아시오며 나의 모든 길과 내가 눕는 것을 살펴보셨으므로 나의 모든 행위를 익히 아시오니 여호와여 내 혀의 말을 알지 못하시는 것이 하나도 없으시니이다(다윗의 시 139:1-4).

4.
극한의 환경에 내몰렸다

다윗이 이르되 여호와께서 나를 사자의 발톱과 곰의 발톱에서 건져 내셨은즉
나를 이 블레셋 사람의 손에서도 건져내시리이다
사울이 다윗에게 이르되 가라 여호와께서 너와 함께 계시기를 원하노라(삼상 17:37).

삶을 바꾸는 가치관의 힘

한국 문학사에서 빼놓을 수 없는 인물인 소설가 고(故) 박완서 씨는 삶에 대한 진지한 성찰과 유려한 문체로 좋은 작품을 많이 남긴 작가다. 그 작품들만큼 그녀가 작가가 된 배경도 상당히 흥미롭다. 그녀는 한 강연에서 자신이 글을 끊임없이 쓸 수 있었던 배경으로 가장 먼저 어머니의 영향을 들었다. 그녀의 어머니는 어린 딸에게 옛날 이야기를 들려주던 이야기꾼이었다. 비록 당시 시대가 시대인지라 어머니는 책을 쓸 수는 없었지만, 어린 박완서에게 들려주던 이야기는 훗날 마흔이 넘어 그녀가 글을 쓰는 초석이 되었다. 박완서 작가가 '내 문학 세계의 근원은

어머니'라고까지 표현했으니 말이다. 그녀의 문학 세계에 영향을 준 또 한 가지는 6·25 전쟁이었다. 당시 많은 아픔과 고통을 겪었지만 결코 그 경험들이 그녀에게 피해의식을 갖게 하지 않았다. 오히려 넓게 관조하며 자전적 글로 승화시킬 수 있었다.

우리는 매일 여러 상황에 놓이며 다양한 사건들을 겪는다. 그리고 축적된 그 경험들이 쌓여 오늘날 나의 '인생'이 된다. 좋았든 그렇지 않았든 간에 그 경험들은 나의 삶에 지대한 영향력을 행사한다. 이를 긍정적 방향으로 연결시키는가 아니면 부정적 방향으로 연결시키는가는 어디까지나 나의 몫이다. 앞서 살핀 작가 박완서는 자신의 경험들을 소설로 조합하였다.

누구나 고난보다는 행복하고 즐거운 것만을 겪기 바란다. 우리네 삶에서 겪는 모든 것이 그렇다면 얼마나 좋겠는가? 그러나 현실은 그렇지 않다. 정말 겪고 싶지 않은 것이 억세게 비집고 들어온다. 그렇기에 내 의도와는 상관없이 겪는 경험들을 조합하여 그것을 자산으로 삼는 것은 어디까지나 나의 가치관의 몫이다. 괴로운 경험을 하는 것도, 즐겁고 아름다운 경험을 하는 것도 오롯이 나이기에, 그것을 내 삶으로 풀어 요리하는 것도 오로지 나다. 삶은 그 해석대로 이끌린다.

반면 내 인생에는 왜 이런 일들만 벌어지는가 하며 포기해야겠다고 해석하여 산다면 그 삶은 그렇게 부정적으로 이끌리는 것이다. 내가 겪는 일이 내 삶에 어떤 영향을 줄 것인지는, 어떤 시각으로 그 일을 정의하느냐에 달렸다.

어떤 현상이 한 단계 더 높은 영역으로 발전하는 것을 승화라고 한다.

그런데 그 영역으로 발전하기 위해서는 지금 내 상황을 동력으로 삼아 끌어올려야 한다. 처절한 고통을 겪었다고 하더라도, 너무나도 큰 문제 앞에서 쪼그라들 것 같은 현실의 벽 앞에 서 있더라도, 불의한 현실 속에서 불가항력적으로 불이익을 당한다 할지라도 모든 것이 결국에는 선을 이룬다는 신념이 필요하다. 그러한 의지가 없으면 승화는 몇 번을 죽었다 깨어나도 이룰 수 없다.

> 당신들은 나를 해하려 하였으나 하나님은 그것을 선으로 바꾸사 오늘과 같이 많은 백성의 생명을 구원하게 하시려 하셨나니(창 50:20).

곱씹을수록 가슴 뜨거워지는 대목이다. 언급했듯이 요셉이 겪었던 삶은 저주에 가까웠다. 그의 가족뿐 아니라 세상도, 그가 그토록 믿던 하나님까지도 요셉에게 등을 돌린 것처럼 보였다. 그런 상황을 겪으면 제정신이기가 힘들 것이다. 하지만 요셉은 그 모든 것을 자산으로, 건설적 경험으로 승화했다. 하나님이 어떤 상황에서도 자신을 선한 방향으로 이끄신다는 확신이 있었다. 누군가에게는 '어떻게 저렇게 꼬인 인생이 다 있나······.' 하는 생각이 들지 모르지만, 정작 요셉은 한 번도 자기 인생이 꼬였다고 해석한 적이 없다. 오히려 하나님께서 많은 사람의 생명을 구하는 일을 맡기기 위해서 자신에게 극한의 것들을 경험하게 하셨다고 고백했다.

맹수의 발톱과 겨루며 내공을 쌓다

앞서 살펴보았듯이 다윗도 결코 만만한 가정에서 태어나지 않았다. 인정받지 못한 막내아들인 그는 어린 시절부터 양을 치면서 살아야만 했다. 그곳에는 사자와 곰까지 있었다. 야생 맹수들 앞에서 양을 지키고 먹이는 일이었다. 어린 소년이 이런 위협 앞에서 감정의 요동이 없었겠는가? 때론 생명의 위협을 느끼며 큰 바위나 나무 뒤에 숨어 집안 식구들의 재산인 양이 산 채로 뜯어먹히는 장면을 봤을지 모른다. 그렇게 생사의 길이 왔다 갔다 하는 순간을 수없이 겪어야 했다. 부유하고 편안한 가정에서 태어났더라면, 다정다감한 부모를 만났더라면 그 나이에 사자나 곰을 만날 일은 없었을 것이다. 다윗은 보통의 아이가 경험할 수 없는 일들을 겪었다.

허나 이 일련의 경험은 다윗을 용사로 만드는 과정이 되었다. 목동에서 용사로 승화가 이루어지는 순간이었다. 맹수의 위협 속에서 어떻게 하면 가족의 재산인 양을 지킬 수 있을지, 어떻게 해야 맹수를 물리칠 수 있을지 고민하고 연구했다. 그가 골리앗과 맞섰을 때 사용했던 물맷돌은 어쩌다 찾은 우연한 기술이 아니다. 전부터 넓은 들판에서 야생 맹수들과 혈전 중에 사용하던 숙련된 기술이다. 성경에 나온 물맷돌은 한 번이지만 이미 수천 번의 예행 연습이 있었다. 그 연습이 쌓여 골리앗을 쓰러뜨릴 수 있는 능력이 되었던 것이다.

만일 다윗이 안전한 목초지의 목동이었다면, 맹수의 위협과 긴장이 아닌 중천에 뜬 해를 조명 삼아 나른한 낮잠을 즐기며 낭만적으로 양만 치는 목동이었다면 어땠을까? 그랬다면 결코 골리앗 앞에서 그런 기백

을 펼칠 수 없었거니와 성경에서 다윗이라는 이름을 지금과 같이 찾아
볼 수는 없을 것이다. 다윗이 사울에게 고백한 내용을 주의 깊게 보라.
용기가 넘친다.

> 다윗이 사울에게 말하되 주의 종이 아버지의 양을 지킬 때에 사자나 곰이
> 와서 양 떼에서 새끼를 물어가면 내가 따라가서 그것을 치고 그 입에서 새
> 끼를 건져내었고 그것이 일어나 나를 해하고자 하면 내가 그 수염을 잡고
> 그것을 쳐죽였나이다 주의 종이 사자와 곰도 쳤은즉 살아 계시는 하나님
> 의 군대를 모욕한 이 할례 받지 않은 블레셋 사람이리이까 그가 그 짐승의
> 하나와 같이 되리이다 또 다윗이 이르되 여호와께서 나를 사자의 발톱과
> 곰의 발톱에서 건져내셨은즉 나를 이 블레셋 사람의 손에서도 건져내시리
> 이다 사울이 다윗에게 이르되 가라 여호와께서 너와 함께 계시기를 원하
> 노라(삼상 17:34-37).

흔히 다윗이 골리앗을 물리친 사건에만 집중하곤 하는데, 아무리 인
간이 강하다고 해도 맹수보다는 못한 법이다. 다윗은 골리앗과 만나기
직전 그가 경험했던 사자, 곰의 발톱 가운데 하나님의 계획이 있었음을
직감했다. 바로 이 대결을 위함이었음을 감지한 것이다.

우리가 경험하는 모든 것은 바라보는 시각에 따라 보약이 되기도 하
고 병이 되기도 한다. 지난 과거에 대한 불평과 앞으로 삶에 대한 불안
은 쌓여진 경험의 자산과 앞으로 나아갈 힘을 갉아 먹는다. 하지만 지금
겪는 모든 것은 훗날 내게 자산이 된다. 또한 그것은 하나님의 놀라운

계획의 준비 과정이며 앞으로 만나게 될 우리 각자의 골리앗을 넉넉히 이겨내는 동력이 될 것이다.

승화의 단계로

인생은 여행이지 관광이 아니다. 관광과 배낭여행, 어떤 것이 더 고생스러울까? 당연히 배낭여행이다. 준비할 것도 많고, 때론 길을 잃을 수도 있다. 팀이나 부부가 함께했을 때 여러 상황에 직면하기에 견해차로 싸울 확률도 높다. 길을 잃게 되면 서로 탓하는 일도 생긴다. 하지만 배낭여행만이 가진 장점이 있다. 우선 그 배낭지에 대해 훨씬 더 많은 것을 느끼고 시야가 넓어진다. 여행 중 있을 수 있는 모든 경험이 합쳐져 그 여행지가 훨씬 입체적으로 다가오는 것이다.

이전에 일본을 관광한 적이 있었다. 가이드를 통해서 모든 것을 해결하니 일정이 척척 들어맞았다. 여러 지역을 돌아다녔지만 단 한 번도 길 잃은 적이 없었다. 하지만 내게 일본에 대한 기억은 그저 흐릿하다. 반면 배낭을 메고 직접 지도를 들고 여행했던 곳은 아직도 그 기억이 생생하다. 그 문화와 사람들의 습성까지 어느 정도 파악하게 되었다. 여행 가운데 있었던 힘들고 어려운 과정들이 그 지역의 문화를 더 깊게 이해할 수 있도록 했기 때문이다.

인생도 이와 같다. 마음 편한 관광이 아니다. 배낭을 메고 때론 좌충우돌하면서 이해하고 터득하는 여정이다. 경험이 없이는 창조 또한 없는 법이다. 하나님께서는 경험이라는 발자취를 통해서 우리를 창조적 인생으로 만들어 가신다. 그 경험이 때론 아프고 시릴 수 있다. 하지만 모든 것을 선하게 만들어 가시는 하나님의 의도를 묵묵히 묵상하고 인고의 시간을 거쳤을 때, 비로소 승화되어가는 자신을 발견할 수 있다. 바로 다윗처럼.

> 우리가 알거니와 하나님을 사랑하는 자 곧 그의 뜻대로 부르심을 입은 자들에게는 모든 것이 합력하여 선을 이루느니라(롬 8:28).

5.
거룩한 싸움에 직면했다

이에 사울이 자기 군복을 다윗에게 입히고 놋 투구를 그의 머리에 씌우고 또 그에게 갑옷을 입히매 다윗이 칼을 군복 위에 차고는 익숙하지 못하므로 시험적으로 걸어 보다가 사울에게 말하되 익숙하지 못하니 이것을 입고 가지 못하겠나이다 하고 곧 벗고 손에 막대기를 가지고 시내에서 매끄러운 돌 다섯을 골라서 자기 목자의 제구 곧 주머니에 넣고 손에 물매를 가지고 블레셋 사람에게로 나아가니라(삼상 17:38-40).

"나는 대통령직에 적합하지 않다. 이 직책을 맡지 않았어야 했다."

미국의 제29대 대통령 '워런 하딩'이 재임 중에 했던 말이다. 나는 새도 떨어뜨린다는 최고 국가 원수의 자리에 앉았으나 원치 않는 자리를 선택했던 것에 대한 후회 섞인 발언이었다. 시에나 대학교에서 미국 내 대통령학 전공 학자 238명에게 자문을 구하여 역대 최악의 대통령을 선정한 결과, 스스로 대통령 임직을 후회했던 워런 하딩이 그 중 3위에 올랐다. 그의 대통령 당선은 자신뿐만 아니라 국가적으로도 큰 불행이었던 것 같다.

사실 워런 하딩이 대통령 자리에 오르기까지는 나름 숨겨진 이야기가 있었다. 그는 본래 작은 신문사를 경영했다. 그러나 부유한 은행장의 딸과 결혼 후, 인생은 그의 의도와는 다르게 흘러갔다. 아내의 명예욕과 재력에 힘입어 떠밀리다시피 정치에 입문해 주 부지사와 상원의원에까지 올라간 것이다. 게다가 당시 민주당 윌슨 대통령의 정책에 신물이 난 국민들이 누구든 공화당 출신이라면 무조건 OK하는 상황에서, 공화당 원로들이 '대통령답게 생긴 외모'와 '말을 잘 들을 것 같은 순한 기질'을 가진 워런 하딩을 지지해 그는 결국 대통령에 당선되었다.

어찌 보면 일생일대의 행운이자 기회라 생각할지 모르지만, 대통령 자리는 그에게 지옥과 같은 것이었다. 심지어 대통령 임기 중에 그는 심장마비로 급사했다. 자신에게 맞지도 않는 길을 가게 된 것이 병을 더 키웠을지 모를 성싶다. 아내의 야망과 성화에 못 이겨, 주변 정치인의 이익에 따라 국가원수까지 되었지만 정작 자신의 인생을 살지 못했던 이의 불행한 이야기다.

또 이와는 상반되는 이야기도 있다. 한 TV프로그램이 소개한 어느 떡 가게 사장의 이야기다. 그는 떡을 정말 좋아해 떡을 만들 때 가장 행복하다고 한다. 그런데 특이한 것은 그 떡 가게 사장이 원래 예비 의사였다는 사실이다. 열심히 공부를 해 모두가 부러워하는 의대에 진학했지만 적성에 맞지 않아 과감하게 진로를 선회하였다. 남들이 보기에는 존경과 부러움의 흰 가운일지 모르지만 그에게는 어색한 하얀색 옷이었다. 대신 허연 쌀가루를 군데군데 옷에 묻히며 반죽을 하는 일이 그의 적성에는 더 맞았다. 그가 부모와 주변사람들을 설득하며 자신의 길을 찾아가기까지 얼마나 많은 고충이 있었을지 헤아려보지 않을 수 없다.

사람은 저마다의 타고난 기질에 따라 맞는 것과 맞지 않는 것이 있다. 내가 즐거운 열정을 갖고 잘할 수 있는 나만의 영역이 있고 반면에 그렇지 못한 타인의 영역이 있기 마련이다. 모든 것을 잘할 수는 없으며 모든 것을 잘할 필요도 없다. 내가 가진 고유한 은사의 영역이 무엇인지 아는 것과 그 은사를 갖고 무슨 일을 하느냐가 중요할 뿐이다.

골리앗의 조롱에 맞서다

팔레스틴 지역을 기반으로 블레셋은 이스라엘과 담 하나를 두고 사는 민족이다. 그러나 이 가까운 이웃은 이스라엘로 하여금 항시 국정 안정에 불안감을 조성하였다. 어느 날 에베스담밈에 진을 친 블레셋은 자신들의 최고 장수 골리앗을 이끌고 전쟁을 돋웠다. 골리앗의 엄청난 체격을 앞세우니 이스라엘의 장수들과 병사들은 위축될 수밖에 없었다. 게다가 이번 전쟁에서 패전하면 이스라엘은 나라 전체가 흔들릴 위험에 처해져 있었다. 블레셋이 골리앗을 앞세워 승기를 잡고 집요하게 이스라엘을 침공할 것이 분명했기 때문이다.

이런 와중에 군인으로 징병된 형들에게 도시락 심부름을 왔던 다윗은 수세에 몰리는 조국의 상황을 지켜보게 된다. 안타까운 조국의 현실은 그의 가슴을 억눌렀다. 무엇보다 참기 힘든 것은 기세등등해진 골리앗이 이스라엘 전체를 조롱할 뿐 아니라 하나님까지 싸잡아 끌어내려 욕하는 것이었다.

"너희가 믿는 신은 어디 있느냐? 하나님이 있다면 너희를 이렇게 전쟁에서 고통받도록 가만두겠느냐?"

뿐만 아니라 입에 담지도 못할 상스러운 말로 하나님을 모욕하였다. 이렇게 상황이 악화되어갔지만 누구 하나 나서지 못하고 골리앗의 기세에 눌려 쥐 죽은 듯 조롱거리가 되었다. 다만 다윗만은 골리앗의 키보다 더 끓어오르는 무언가가 심연 속에서 꿈틀대었다. 경배의 대상인 하나님이 여지없이 동네 강아지로 전락하는 것을 도저히 참을 수 없었다.

만일 어떤 외국인이 한국에 대해서 막말을 하며 욕을 한다고 치자. 대부분의 한국인이라면 화가 날 것이다. 왜 그런가? 내 조국이기 때문이다. 만일 누군가가 당신의 부모님에 대해 치욕스런 욕설을 한다면 참기 힘들 것이다. 왜 그런가? 바로 내 사랑하는 부모님이기 때문이다. 만일 누군가 하나님을 욕하고 멸시하며 무시한다면, 그래서 하나님의 이름이 땅에 떨어졌다면 어떻게 반응하겠는가? 내가 진정 하나님의 자녀인 그리스도인이라면 가만 있기 힘들 것이다. 나를 위해 독생자를 버리시고 내 죄까지 품어주신 그분의 위신이 땅에 떨어졌는데, 어찌 하나님의 자녀인 그리스도인이 가만히 있을 수 있겠는가?

다윗도 그랬다. 골리앗으로 인해 땅에 떨어진 하나님의 이름 앞에서 끓어오르는 꿈틀거림이 있었다. 그는 마침내 견디지 못하고 사울 왕에게 직접 골리앗과 일대일 대결을 자원하였다. 실추된 하나님의 이름을 회복하고자 한 것이다.

사울은 진중하고 확신 있는 다윗의 믿음에 감동이 되었다. 사울은 즉시 그에게 최신형 투구와 웬만한 창으로도 뚫리지 않을 갑옷, 살짝만 스쳐도 베이는 날카로운 검을 주었다. 누구나 탐낼 만한 전투 장비다. 이스라엘의 고위급 장수들도 구하기 힘든, 왕이 하사하는 특별 장비였다.

하지만 장비를 착용해보자 다윗은 어딘가 불편했다. 성경은 '익숙하지' 않았다고 기록한다. 적응하려고 이러저리 흔들고 걸으며 칼도 휘둘러봤으나 도무지 그 장비를 걸치고는 싸울 수 없다는 생각이 들었다. 자기 몸에 맞지 않았던 것이다.

대신 그는 전에 입던 양치기 옷과 각목과 같은 단단한 몽둥이, 던지기 좋은 돌 5개를 손에 들었다. 이것은 다윗이 산과 들에서 양을 몰다가 야생의 사자나 곰을 만나면 그 짐승들을 몰아낼 때 입던 그만의 전투복이자 무기였다. 자신의 방식대로 골리앗과 맞붙기로 강단을 보인 것이다. 다윗은 무겁고 긴 칼보다 던지기 쉬운 물맷돌과 딱딱한 몽둥이가 더 익숙했으며, 둔탁한 투구나 갑옷보다 간편하고 빠르게 움직일 수 있는 목동의 옷이 더 맞았다. 그리고 그렇게 했을 때 전쟁의 판도가 뒤집히는 역사가 일어났다.

다윗이 골리앗과의 승부에 나간 것은 하나님의 이름이 땅에 떨어지고 조국이 욕보이는 현실 앞에서 끓어오르는 거룩한 분노와 애국심 때문이었다. 하지만 그것만으로 골리앗을 쓰러뜨릴 수는 없는 노릇이다. 실력이 없으면 당한다. 실력도 없으면서 싸우겠다는 것은 용기가 아니리 객기일 뿐이다. 그는 실력이 있었다. 그간 곰과 사자들 틈에서 익혔던 경험과 실력이 있었다. 누구보다 자신의 강점을 잘 알고 있었다.

만일 다윗이 사울이 준 전투복으로 골리앗과 대면에 나서거나 아니면 자신의 옷과 사울이 준 전투복 사이에서 무엇을 입을지 고민했다면, 전투에 온전히 집중하지 못했을 것이다. 그러나 다윗은 그런 고민으로 시간을 낭비하지 않았다. 이미 자신의 강점에 대한 분명한 확신이 있었기 때문이다. 누군가 내게 걸쳐주는 옷이 아무리 멋져 보이고 소문난 명품이라 해도 내게 어울리지 않으면 그 옷은 내 옷이 아니다. 내가 주인이 아니다. 이에 대해 스스로 명확한 인식이 없다면 평생 남이 걸쳐주는 옷만을 얻어 입으며 사는 어색한 인생을 살 수밖에 없다. 그렇게 살아도 괜찮다고 여유를 부릴 정도로 우리 인생은 길지 않다.

카리스마가 빛나야 할 곳

지금 우리가 사는 이 세상에 하나님의 이름이 얼마나 땅에 떨어져 있는가? 하나님과 성경을 거짓이라 비웃으며 부정하려는 책과 방송, 이설들이 판을 치고 있다. 젊은이들은 점차 교회를 떠난다. 대학 캠퍼스의 복음화는 3, 4%를 넘지 못하고 있으며 신천지 같은 이단들이 득세하고 있다. 복음이 점점 희석되고 있는 것이다. 기독교를 '개독교'라고 폄하하는 말이 이제 낯설지 않을 정도다. 외국도 사정이 다르지 않다. 유럽의 교회에 교인들은 찾기 힘들고, 심지어는 교회가 술집으로 바뀌는 광경이 벌어지고 있다.

영적으로 나락에 빠진 지금의 상황 속에서도 영적 각성이 없는 그리스도인의 모습을 보노라면, 마치 기세등등한 골리앗이 하나님을 모욕함에도 누구 하나 나서지 못하던 이스라엘의 무력함이 겹쳐 보이는 듯하다. 이전에 골리앗이 칼을 들고 하나님의 이름을 무시했다면, 지금의 골리앗은 문화와 다양한 사상들을 통해서 하나님을 욕보이고 세상을 잠식해간다.

지금이 바로 그리스도인의 은사를 사용해야 할 시대이다. 더하여 자문해보라. 자신에게 허세가 아닌 실력이 있는지, 골리앗을 상대할 만한 실력을 키우고 있는지 말이다. 나는 어떤 은사를 갖고 있는가? 그리고 그 은사를 어디에 사용하고 있는가? 혹 나의 개인적 유익만을 위해서 사용하고 있는 것은 아닌가? 진정 그분을 위해 사용하고 있는가?

> 각각 은사를 받은 대로 하나님의 여러 가지 은혜를 맡은 선한 청지기같이 서로 봉사하라(벧전 4:10).

여기서 '은사'의 헬라어 원어는 '카리스마'다. 대중매체에서 '매서운 눈빛, 남자답고 거친 매력' 등을 표현할 때 이 단어가 많이 사용되곤 한다. 그러나 사실 '카리스마'의 본래적 의미는 '은사'다. 즉 '각각 은사를 받은 대로'의 말씀처럼 모든 이에게는 카리스마가 주어진다. 특별한 사람에게만 있는 것이 아니다. 은사가 없는 사람은 없다. '각각 은사를 받은 대로'의 말씀처럼 누구나 다 이 고유한 은혜를 받았기 때문이다. 다만 기억할 것은 받은 '카리스마'의 활용도이다.

요즘 메이저리그 팀인 LA다저스에 대한 관심이 뜨겁다. 우리나라 류현진 선수가 활동하고 있기 때문이다. 메이저리그에서 가장 강한 팀 중 하나인 이 LA다저스에서 또 한 명 살펴볼 선수가 있다. 바로 제1선발 투수 클레이튼 커쇼이다. 그는 1988년생으로 20대 중반의 나이에 최고의 투수에게 주어지는 '사이영 상'을 2번이나 수상하며 메이저리그 전체를 통틀어 가장 뛰어난 선수로 자리매김했다. 그리고 주목할 점은 그가 최고의 투수이며 또 빛나는 그리스도인이라는 것이다.

커쇼는 매 시즌이 끝나면 자신의 아내와 잠비아 등 어려운 곳에 찾아가서 고아원과 학교를 지어주며 봉사활동을 한다. 그리스도인으로서 삶의 본을 보이는 그를 통하여 많은 사람이 감동을 받고 있다. 커쇼는 "크리스천 포스트"와의 인터뷰 기사에서 이런 선행을 하는 이유에 대해 '하나님께서 우리에게 주신 것을 갖고 그저 행할 뿐'이라고 답했다. 하나님이 주신 카리스마를 갖고 하나님의 이름을 높이며 살아가겠다는 고백 아니겠는가?

어릴 적 친구 중에 운동에 좋은 소질을 지닌 친구가 있었다. 특별히 야구를 잘해서 야구선수가 꿈인 친구였다. 그러나 공부를 원하시는 부모님의 반대로 야구를 계속하지 못하였고 이후 신학교에 진학하여 목사가 되었다. 그런데 지금 그는 야구로 목회를 하고 있다. 전도하기 힘든 십 대 청소년들을 위해 아마추어 야구팀을 만들어 목회와 접목한 것이다. 그 소식을 들으면서 '하나님께서 우리에게 주신 달란트는 정말 숨길 수가 없구나' 싶어 놀라웠다. 또한 그 달란트를 영혼을 살리는 목회에 사용하는 것을 보며 마음에 도전도 되었다.

세상에서도 "자신의 강점을 찾아라!"와 같은 주제의 강의와 자기계발서가 셀 수 없이 많다. 그러나 만일 그렇게 단지 소질만 발견하는 것에 그친다면 그리스도인이 믿지 않는 사람과 무슨 차이가 있겠는가? 그래서 우리는 이 장을 맺으며 다음 질문에 대한 답을 찾기 위해 기도해야 한다. 나의 카리스마는 무엇인지, 나의 카리스마가 빛나야 할 곳은 어디여야 하는지…….

하나님은 우리 각자에게 카리스마를 주셨다. 그것은 나만의 안위를 위한 것이 아니다. 궁극적으로 하나님의 이름을 영화롭게 하는 데 있다. SOLI DEO GLORIA! 하나님께 영광! 다윗은 골리앗을 물리쳐 나라를 구하고, 땅에 떨어진 하나님의 이름을 회복하는 데 그의 카리스마를 사용했기에, 그 카리스마가 빛날 수 있었다.

주님은 '선한 청지기'와 같으라고 하셨다. 선한 청지기는 주인인 하나님을 위해 산다. 하나님이 계시기에 우리가 존재한다. 지금 이 시대에는 여전히 하나님의 이름을 멸시하고 무시하는 세상의 골리앗이 있다. 지금이야말로 선한 청지기인 하나님의 자녀들이 그분이 맡겨준 카리스마를 사용할 때인 것이다. 다윗이 골리앗을 상대할 때 갑옷이 아닌 목동 옷을 입자, 그의 카리스마가 드러났다. 시류에 편승하여 남의 옷 걸치기에 급급한, 어색한 인생에게는 카리스마가 드러나지 않는다. 본인의 익숙한 은사를 찾고 집중할 때 카리스마는 빛날 것이다.

이로써 우리는 두 가지 사실을 깨닫는다. 첫 번째는 자신의 카리스마, 그 은사를 잘 알아야 된다는 것, 즉 실력이 있어야 한다. 두 번째는 그 실력이라는 은사를 갖고 세상이라는 골리앗과 거룩한 싸움을 해야 한다. 그래서 골리앗 때문에 실추된 하나님의 명예를 회복시켜야 하는 사명이 우리에게 있다. 선한 청지기처럼 거룩한 본분을 다하는 인생이 되기를! 하나님은 우리에게 카리스마를 주셨다.

6.
진격의 거인 앞에 서다

또 다윗에게 이르되 내게로 오라
내가 네 살을 공중의 새들과 들짐승들에게 주리라(삼상 17:44).
여호와는 나의 빛이요 나의 구원이시니 내가 누구를 두려워하리요
여호와는 내 생명의 능력이시니 내가 누구를 무서워하리요(다윗의 시 27:1).

두려움의 실체

최근 한국에서도 많은 팬을 거느린 "진격의 거인"이라는 일본 애니메이션이 있다. 누군가 그것이 요즘 대세 애니메이션이라 추천해서 조금 본 적이 있다. 내용이 상당히 흥미로웠다. 사람들이 살던 마을에 정체 모를 거대한 거인족이 출현한다. 사람들을 죽이고 잡아먹고 급기야 도시를 파괴하는 거인족에 대항하는 것이 스토리의 흐름이다.

이것만 보면 흔한 플롯 구조의 만화로 보일지 모르지만 단순히 그렇게만 평가할 수 없는 이유가 있다. 도시를 파괴하기 위해 진격하는 그 거인족에 대응하는 사람들의 공포 심리묘사가 탁월하기 때문이다. 어

디서 왔는지도, 왜 사람들을 해치는지도 알 수 없는 거인족이 사람들에게 주는 두려움은 그들의 실물 크기보다 더 커져서 큰 공포감에 떨게 만든다. 두려움이 애니메이션을 이끌어간다. 진격의 거인에 대한 두려움이 계속 두려움을 낳고 공포로 이어지면서 사람들의 내면을 파괴하고 서로 간의 분열까지 일으킨다. 실제 진격의 거인과의 싸움보다 내면의 공포심과의 싸움이 더 치열해진 것이다. 그런 세밀한 공포심리를 잘 묘사한 것이 이 만화의 인기 요소다.

1955년부터 "시카고 선타임스"에 수십 년 동안 칼럼을 연재해온 앤 랜더스는 그동안 셀 수 없이 많은 이의 상담을 도맡았다. 그녀가 받은 상담 편지들의 내용은 가정, 학교, 직장은 물론 다양한 사회적 고민들에 이르기까지 범위의 제한이 없었다. 그런데 수십 년 동안 쌓인 수만 통의 편지들을 아우르는 큰 주제는 대부분 하나로 모아졌다. 바로 '두려움'이다. 어떤 문제로 상담을 하든지 실상 그 편지의 내용을 면밀히 보면 내면의 두려움에 관련된 경우가 많았다. 뉴스 보도에 따르면 국민 10명 중 4명이 미래에 대해 불안감을 느낀다. 불확실한 미래가 사람들에게 막연한 두려움을 불러일으키는 것이다.

이처럼 많은 이가 인생의 한복판에서 '두려움'을 호소하고 있으며, 그 '두려움'에 함몰되어 있다. 루즈벨트 대통령은 이런 사람들의 심리를 꿰뚫어보았다. 그는 당시 경제 대공황으로 공포에 떨던 미국 국민을 향해 "우리가 경계해야 할 것은 두려움 그 자체"라고도 말했다. 참혹한 경제현실보다 그에 대해 두려워하는 마음을 더 큰 문제로 본 것이다. 두려움의 사전적 정의는 '위협이나 위험을 느껴 마음이 불안하고 조심스러운 느낌'이다. 어떤 실체나 상황에 직면하기 전 미리 계산해 공포를 느끼는 것이다. 그러므로 두려움은 직면하는 그 실체의 문제라기보다는 사실 마음의 문제에 가깝다고 볼 수 있다. 내가 직면하는 그 실체가 크고 작고의 문제보다 실체를 보고 느끼는 내 감정의 문제가 더 크다.

진격의 골리앗

골리앗이라는 실체 앞에서 이스라엘도 이런 감정의 문제에 휩싸였다. 다윗이 등장하기 전 골리앗을 앞세운 블레셋에 이스라엘은 속수무책으로 고전했음을 살펴보았다. 그 전까지만 해도 그렇게 잘 싸웠던 이스라엘 정예군이었는데 그 기세는 어디로 갔는지 사기가 바닥을 쳤다. 왜 그랬을까? 무엇이 그들을 무력하게 만들었을까?

아무리 골리앗이라 해도 한 명이다. 여러 장수가 힘을 합치면 설마 그 하나 당해내지 못할까 의문이 든다. 물론 이해할 법도 하다. 성경에 의하면 골리앗은 키가 여섯 규빗 한 뼘으로 대략 2.9m의 거인이다. 머리에는 놋 투구를 쓰고 몸에는 큰 갑옷을 걸쳤다. 게다가 다리에 놋 경갑을, 어깨에는 놋 단창과 창을 매었다고 한다. 지금으로 말하면 최신 전투 장비를 온몸에 걸친 것이다. 더하여 몸만 큰 둔한 덩치가 아니었다. 상대편 기를 완전히 눌러놓는 말솜씨까지 갖춘 블레셋에서 가장 뛰어난 장수였다. 이스라엘도 전쟁 정보를 수집하며 그가 누군지 전부터 알고 있었을 것이다.

문제는 이런 모든 부분이 더하여져 골리앗을 원래의 모습보다 더 큰 '진격의 거인'으로 만들어버린 것이다. 소문이라는 것이 그렇지 않은가? 눈덩이처럼 점점 커진다. 본래의 크기에 공포와 두려움의 거품이 쌓인다. 이스라엘은 전쟁의 전술이나 전략, 자원 등이 부족했던 것이 아니었다. 골리앗이 주는 공포감! 그 자체가 문제였다. 이스라엘이 진정 겁낸 것은 실체가 아닌 두려움으로 커진 골리앗이다. 싸우기도 전에 기세에 눌려 결코 골리앗을 이길 수 없다는 무력함에 잠식되어 갔다. 그들은 싸움에서 진 것이 아니라 생각에서 졌다. 생각부터 진 싸움이 실전에서 이길 리 만무하지 않은가?

> 블레셋 사람들이 그들의 군대를 모으고 싸우고자 하여 유다에 속한 소고에 모여 소고와 아세가 사이의 에베스담밈에 진 치매(삼상 17:1).

성경 구절을 유심히 보라. '싸우고자 하여', 싸웠다는 것이 아니다. 블레셋 군이 싸우고자 군사를 모으고 골리앗을 선봉에 내세워 이스라엘을 도발한 것이다. 그리고 골리앗은 이렇게 말한다.

> 골리앗은 서서 이스라엘군을 향하여 이렇게 외쳤디. "너희기 왜 나와서 전열을 갖추고 있느냐? 나는 블레셋 사람이며 너희는 사울의 부하가 아니냐? 이제 너희는 한 사람을 택하여 나에게 보내라." 사울과 이스라엘군은 이 소리를 듣고 무서워서 벌벌 떨고 있었다(삼상 17:8, 11/현대인의성경).

골리앗과 실전 후에 이스라엘이 두려워 떤 것이 아니었다. 대치 중인 상황에서 골리앗의 모습과 내뱉는 말에 떨었다. 아직 싸움다운 싸움 한

번 하지 않았다. 골리앗과의 싸움은 못한 것이 아니라 지레 겁을 먹고 안 한 것이다!

축구 경기에서도 유독 브라질 팀에 많이 패하는 이유가 있다. 그들의 실력도 실력이지만, 브라질 고유의 노란색 유니폼만 보면 기가 죽는 상대팀에게 더 큰 패배의 요인이 있다고 한다. 경기 시작 전 상대팀의 위용에 눌려, 이미 진 게임이라는 생각을 미리 갖고 있는 선수가 그 경기에서 승리할 확률이 얼마나 되겠는가? 인생의 골리앗 앞에서도 이렇지 않나 싶다. 싸워보기도 전에 벌써부터 질 것을 굳게 믿고 벌벌 떨고 있지 않은지 말이다.

에베스담밈에 주둔한 블레셋은 골리앗을 선봉으로 아침, 저녁으로 무려 40일이나 이스라엘의 화를 돋웠다. 욕은 당연지사! 입에서 내뱉을 수 있는 모든 언변을 동원해서 이스라엘의 인격과 그들이 믿는 하나님까지 깔아뭉개었다. 그럼 그동안 엘라 골짜기에 진을 친 이스라엘 군사들은 무엇을 했을까? 40일 동안 밥이나 제대로 입으로 들어갔을지, 심정은 어떠했을지, 정말 수치와 모욕이 턱까지 차서 머리를 뚫고 나올 정도였을 것이다. 그럼에도 아무도 나서지 않았다. 사기를 빼앗는 조롱과 욕설을 받아주는 것이 전부였다.

그럼 이스라엘에는 정말 아무도 없었는가? 골리앗과 대면할 이가 없었는가? 그렇지 않다. 그동안 전쟁에서 혁혁한 공을 세운 살아있는 전설, 사울이 있었다. 그뿐인가? 부하 한 명만 데리고 블레셋으로 들어가 이십 명의 블레셋 군사들과 맞겨뤘던 요나단과(삼상 14:14) 별명이 용사인 기가 막힌 장수 아브넬도 있었다(삼상 26:15). 무엇보다 그들에게는 여호와의 신앙이 있었다. 작은 이스라엘을 선택하고 그 민족을 통해 당신의 전능한 과업을 이루시는 절대자 하나님! 이런 전투력을 두고도 사울과 이스라엘 군사들은 무능했다. 생각에서 졌기 때문이다. 해보기도 전에 지레 겁먹고 공포의 감옥으로 스스로를 몰아넣었던 것이 패착이었다.

자칭 메뚜기

출애굽 사건을 한번 떠올려 보라. 400년의 지긋지긋한 종의 신분으로 살다가 드디어 이집트를 탈출하여 그토록 염원하던 가나안 땅의 입성을 목전에 앞두고 실패한 사건……. 이 사건 역시 전투다운 전투 한번 해보지 않고 진 전쟁이다. 목적지 가나안을 앞에 두고 정보 탐색을 위해 열두 명의 정탐꾼을 가나안 땅에 보내었다. 정보를 갖고 온 각기 열두 명의 의견은 두 견해로 나뉜다. 절대 들어갈 수 없는 땅이라는 견해와 충분히 정복 가능하다는 견해. 열 명은 전자였고 단 두 명만이 후자였다.

열 명은 그 땅에 살고 있던 덩치 큰 아낙 자손들을 보고 기겁하여 자신들은 '메뚜기'라 칭했다. 누구도 그들을 메뚜기떼 같은 족속이라고 한 적이 없거늘 스스로 그렇게 격하시켰다. 반면 여호수아와 갈렙은 아낙 자손을 '우리의 밥'이라고 칭했다. 똑같은 상황에서 똑같은 대상을 보고 어찌 이리 다른 시각이 존재할 수 있는지……. 안타까운 것은 200만 명의 군중이 열 명의 이야기를 들은 점이다.

절망과 낙심의 언론 플레이는 때로 희망의 메시지보다 더 강렬하다. 강력한 리더인 모세도 들끓는 여론을 따를 수밖에 없었다. 얼마 전 애굽에 벌어진 초자연적 10가지 재앙과 바다가 갈라지는 현상을 직접 목격

했고, 낮에는 시원한 구름기둥, 밤에는 따뜻한 불기둥으로 사막의 이상 기온으로부터 보호하시는 하나님의 진기한 능력을 경험하고도 그들에게 아낙 자손은 이 기적들보다 더 커보였다.

이로 인해 며칠이면 족히 도착할 땅에 40년이 걸렸고 여호수아와 갈렙을 제외한 출애굽 1세대는 땅에도 들어가지 못했다. 주의해서 볼 것은 열 명의 정탐꾼 이름은 성경에 거론조차 되지 않은 점이다. 그들 말의 힘대로 '메뚜기' 처럼 역사의 뒤안길로 흔적도 없이 사라졌다. 스스로를 메뚜기로 칭했기 때문이다. 반면 여호수아와 갈렙의 이름은 이후 새로운 이스라엘을 이끌어가는 역사의 중심에 서 있게 된다. 하나님은 그들을 통해서 역사를 이뤄가셨다.

무턱대고 아무런 준비도 없이 허황되게 어떤 목적을 이룰 수 있다는 것은 공상에 불과하다. 그러나 준비가 되고 신념이 있고 그것을 이루어야 할 명분이 있다면 당연히 용기를 내어 맞닥뜨려야 하지 않을까? 이스라엘은 가나안에 들어가야 할 명분과 선명한 비전이 있었다. 무엇보다 하나님께서는 의심 많은 그들에게 지도자 모세를 통해 실증적 사건들과 함께 비전을 제시하셨다. 그럼에도 1세대들은 아낙 자손과 대면도 하기 전 스스로 만든 공포감에 자신들을 몰아넣어 이길 수 있는 전쟁도 지고 말았다. 당시 아낙 자손들은 자신들에게 정탐을 왔다는 사실조차 인지하지 못했을 것이다. 이스라엘이 충분히 이길 수 있었다. 그들 스스로가 만든 두려움이 도약의 기회를 40년 뒤로 연기시킨 것이다.

우리 앞에 놓인 골리앗

마찬가지로 블레셋과 대치한 이스라엘 진영의 40일은 실력과 전략의 부족이 아니라 골리앗이 두렵다는 그 '생각' 때문에 지고 있었다. 다윗은 결코 대단한 자가 아니었다. 타고난 영웅은 더더욱 아니다. 이 숨 막히는 전쟁 상황에서 다윗의 전쟁 경력은 여느 이스라엘 장수들과 비교할 수 없을 정도로 초라했다. 하지만 다른 것이 하나 있었다. '생각'이었다. 다음 구절은 골리앗과 다윗이 첫 대면에서 한 대화이다. 읽고 당시 정황을 자세히 상상해 보자.

"이리 오너라. 내가 네 시체를 새와 들짐승에게 주겠다."
"너는 칼과 창을 가지고 나왔지만 나는 전능하신 여호와, 곧 네가 모욕하는 이스라엘 군대의 하나님의 이름으로 나왔다"(삼상 17:44, 45/현대인의성경).

"내게로 오라 내가 네 살을 공중의 새들과 들짐승들에게 주리라."
얼마나 잔인한 말인가! 다윗은 이 말을 듣고 두렵지 않았을까? 싸워 보기도 전에 공포감이 사지를 떨게 하지 않았을까? 장신의 노련한 장수가 이렇게 말하는데 평정심을 유지할 수 있는 사람이 몇이나 될까?
그러나 다윗은 직시하였다. 객관적으로 상대를 바로 보았다. 사자나 곰과도 붙어본 경험 덕분에 골리앗을 실제보다 더 키우지 않을 수 있었다. 겁쟁이처럼 두려움을 만들어 내지 않았다. 하나님의 자녀는 두려움을 키우는 것이 아니라, 믿음을 키운다. 믿음에 야성이 있다. 골리앗과 싸우기 전, 다윗은 벌써 생각에서 이겼다. 그 신념을 가지니 두려움과 공포는 줄어들고 골리앗 앞에서 당당하게 서 있게 되었으며, 결국 전투에서 승리하는 역사적 순간을 만들어 내었다. 하나님이 우리와 함께하시며 붙들어 주신다는 신념이 있다면 인생의 어떤 골리앗에 직면해도 미리 포기하고 절망하는 일은 없다. 물론 우리 앞에 서 있는 골리앗은 크다. 만만치 않은 놈이다. 만만치 않은 세상이다.

"꼬마야! 이리 와 봐라! 내가 네 살덩어리를 공중의 새와 들짐승 먹이로 줄 테니까!"

다윗이 들었던 골리앗의 한마디가 오금을 저리게 만들 수도 있다. 하지만 객관적이고 지혜롭게 생각해보자. 골리앗보다 하나님이 더 크지 않은가? 내가 하나님 편에 서면 골리앗에 주눅 드는 일은 불가능하다.

전투 같은 인생을 승리로 이끄는 첫 번째 관문은 생각의 두려움을 먼저 제거하는 것이다. 믿음은 상황, 환경만을 바라보는 것이 아니라 그 위에 계신 하나님을 바라본다. 모든 것이 잘될 때 믿음 없는 사람은 없다. 다 감사하고 좋다고 한다. 이때 믿음이 시험대에 오르는 것이 아니다. 생각대로 안 풀리고 두려운 위기에 닥칠 때도 그럴 수 있다면 바로 그때, 그것을 진정 믿음이라 부른다.

이스라엘 군사들은 두려운 골리앗을 만났다. 다윗도 그 골리앗을 만났다. 하지만 그에겐 하나님이 더 큰 존재였다. 사자와 곰의 발톱에서도 건져내주시는 하나님을 기억했다. 그것이 큰 차이를 만들어 내었다.

무엇보다 명분에 대한 인식이 골리앗의 두려움을 극복하게 해주었다. 골리앗 자체는 쓰러뜨릴 수 있는가, 없는가 하는 가능성의 문제가 아니었다. 쓰러뜨려야만 하는, 해야만 하는 문제였다. 반드시 골리앗을 쓰러뜨려 하나님의 이름을 회복하고 조국을 구해야 했다. 출애굽 또한 마찬가지였다. 가능성의 문제가 아니라 '들어가야만 하는' 문제였다. 반드시 들어가서 하나님의 나라를 세우는 거룩한 사명을 완수해야 했다. 1세대는 그것을 밤낮 손익계산만 하고 있었기에 못 들어갔던 것이고, 2세대는 해야만 하는 사명으로 받아들였기에 두려움을 넘어 그 땅을 정복할 수 있었다.

다윗이 골리앗을 쓰러뜨릴 수 있었던 것도 이와 마찬가지다. 그는 사명으로 두려움을 넘어 설 수 있었다. 기억하라! 주의 영광을 위해 '해야만 하는 일'이라면 하나님께서는 '할 수 있는 힘'을 주신다는 사실을.

내 앞에 놓여 있는 골리앗은 누구이며 무엇인가? 나는 그 앞에서 어떤 모습인가? 가능성을 따지며 무력하게 남은 이스라엘인가? 아니면 사명으로 무장한 다윗인가? 해야만 하기 때문에 두려움을 극복하려는 믿음의 의지가 있는가?

7.
목적을 향한 길에 엘리압이 있었다

> 큰형 엘리압이 다윗이 사람들에게 하는 말을 들은지라 그가 다윗에게 노를 발하여 이르되 네가 어찌하여 이리로 내려왔느냐 들에 있는 양들을 누구에게 맡겼느냐 나는 네 교만과 네 마음의 완악함을 아노니 네가 전쟁을 구경하러 왔도다
> 다윗이 이르되 내가 무엇을 하였나이까 어찌 이유가 없으리이까 하고 돌아서서 다른 사람을 향하여 전과 같이 말하매 백성이 전과 같이 대답하니라(삼상 17:28-30).
> 모든 지킬 만한 것 중에 더욱 네 마음을 지키라 생명의 근원이 이에서 남이니라(잠 4:23).

성경은 인간의 짧은 생을 빗대어 날아간다고 표현하고 있다(시 90:10). 얼마나 인생의 시간이 빠르면 날아간다고까지 했겠는가? 그만큼 인생에서 삶을 영위하는 데 필요한 에너지는 극히 제한적이다. 그렇기에 유한한 에너지를 어디에, 얼마나 쏟는가에 따라 인생의 성패가 좌우된다.

육상 선수는 자신이 뛰어갈 골 지점을 향해 모든 에너지를 쏟아 붓는다. 뛰어가면서 그 외의 불필요한 행동은 하지 않는다. 오직 그 골 지점에 도달하기 위해 집중한다. 휴대폰으로 통화하면서 뛰는 선수를 우리는 본 적이 없다. 옆에 있는 선수와 잡담하거나 다투면서 뛰는 선수도 본 적이 없다. 허나 우리 인생의 선수들은 유독 이런 경우가 많다. 각자

인생의 고유한 목적지가 있고, 도달해야 할 지표가 있고, 거기에 쏟아야 할 에너지가 한정되어 있거늘 불필요한 것들에 시간과 감정을 낭비하다가 이내 지쳐버린다. 달려가야 할 목표 지점과는 관련 없는 것에 주의를 빼앗기고 기진맥진해진다.

엘리압의 말

다윗도 한 번뿐인 인생의 중요한 순간마다 이런 함정에 빠질 만한 여러 상황에 직면하였다. 골리앗과 대면을 하기 전 특히 그랬다. 골리앗에만 집중할 수 있는 그런 요건이 되지 못했던 것이다. 예기치 못한 복병이 있었으니 큰 형 엘리압이었다.

골리앗을 앞세운 블레셋에 이스라엘은 사기가 꺾이자 사면초가에 몰렸다. 나라의 전시 틈 속에서 다윗의 위로부터 세 형 엘리압, 아비나답, 삼마도 징집되었다. 전쟁이 장기전으로 접어들자 아버지 이새는 한동안 못 본 자식들이 걱정되었다. 그래서 안부도 확인할 겸 격려차 맛있는 도시락을 다윗 편에 보냈다.

아버지의 심부름으로 전쟁터에 도착한 다윗은 형들을 만나 후 주변을 돌아봤다. 소문보다 심각했다. 나라가 이 전쟁으로 망할 수도 있겠다는 위기감이 들 정도로 패색이 짙은 게 아닌가? 형들의 도시락을 전달해주러 왔다가 예기치 않은 충격을 받았다. 조국의 안타까운 현실을 지켜보던 다윗은 전쟁 상황을 주변 군인들에게 물어볼 수밖에 없었다. 그런데 그 모습이 큰형 엘리압의 눈에 못마땅했다. 엘리압은 별안간 모진 소리를 해가며 다윗의 신경을 건드리고 그의 열의를 깎아내렸다.

큰형 엘리압이 다윗이 사람들에게 하는 말을 들은지라 그가 다윗에게 노를 발하여 이르되 네가 어찌하여 이리로 내려왔느냐 들에 있는 양들을 누구에게 맡겼느냐 나는 네 교만과 네 마음의 완악함을 아노니 네가 전쟁을 구경하러 왔도다(삼상 17:28).

지금 식으로 말하면 이렇게 매몰차게 대한 것이다.
"야! 인마! 너 뭘 하러 여기에 왔어! 들판에 양들은 어떻게 하고? 집구석에나 있지, 머리에 피도 안 마른 놈이 뭘 안다고 이거 저거 뭘 물어보고 그래? 불구경하러 왔냐? 썩 꺼져!"

다윗은 누구보다도 진지하게 전쟁의 동향을 예의주시했던 이였다. 그런데 하나님을 욕보이고 나라가 운명의 기로에 선 이 시점에, 전쟁 구경을 하러 왔다 치부하는 형의 말을 들었을 때 다윗의 마음이 어떠했을까? 더군다나 주위에는 여러 사람이 있었다. 그들 앞에서 공개적으로 망신을 당한 것이다. 누구보다 그는 친형이다. 다윗은 전쟁의 피로에 지친 형들에게 조금이나마 위로가 되고자 먼 길 마다하지 않고 도시락을 챙겨 달려왔다. 그런 기특한 동생에게 이렇게 매몰차게 대하다니……. 우리가 다윗의 입장이었다면 크게 섭섭해서 형과 큰 다툼을 할지도 모를 일이다. 그러나 다윗은 일일이 감정적으로 반응하지 않는다.

그러자 다윗이 대꾸하였다. "나는 말 한마디 물어 본 것뿐인데 내가 무엇을 잘못했다고 이렇게 야단이십니까?" 그리고서 그는 또 다른 사람들에게 가서 전과 같이 물었는데 그들도 똑같은 대답을 하였다(삼상 17:29, 30/현대인의성경).

그냥 한 번 대꾸할 뿐이었다. 그리고 골리앗에게로 시선을 돌렸다. 만일 형의 말에 감정이 상해 언쟁으로 에너지를 소진하였다면 어떠했을까? 아마도 골리앗 앞에 서기도 전에 극심한 정신적 피로를 감당해야 했을 것이다.

우리 주변에도 이런 일들이 얼마나 많이 벌어지는지 모른다. 관계에서 발생하기도 하고, 예상치 못한 유혹으로 엄습하기도 하며, 당혹스러운 상황이 벌어져 집중력을 흩트린다. 지금까지 그러했듯이 우리가 가고 머무는 어느 곳에서든 이런 상황들은 벌어져 왔고 앞으로도 있을 것이다. 골리앗과 대면을 앞두고 다윗도 그런 현실에 부딪혔다.

그러나 엘리압에게 다윗이 어떻게 대응하는지 보라. 고래고래 소리를 지르며 지금까지 쌓였던 형에 대한 불편한 감정을 쏟아 내었는가? 너무 화가 나서 형과 엎치락뒤치락하며 육탄전을 했는가? 아니다. 혈기왕성한 청소년이라 볼 수 없을 만큼 놀랍도록 침착하다. 불필요한 감정 소비도 전혀 없다. 그저 자신이 할 말만 간단하게 답할 뿐이다. 더 이상 형과 실랑이를 하지 않는다. 그의 목적은 친형 엘리압이 아니라 적군 골리앗이기 때문이다.

『목적이 이끄는 삶』이 출간된 후 지금까지 수천만 명이 그 책을 읽었다. 베스트셀러는 시대 흐름을 반영한다. 이 책이 많은 이들에게 호소력 있게 다가간 것은 그만큼 삶의 목적을 혼동하고 고민하는 현대인이 많음을 보여준다.

하나님께서는 유한한 우리 생에 이루어야 할 사명을 주셨다. 여기에 집중력 있게 모든 부분을 쏟아내도 우리에게 남아 있는 시간이 넉넉하지 않다. 오죽했으면 시간을 날아간다고 했겠는가? 그러나 많은 이들이 그 사명에 온전히 집중하는 삶을 살지 못한다. 여러 부분에서 정신, 영, 육적인 에너지를 빼앗긴다. 그것들에 먹이를 주지 않아도 되건만 거기에 사명이 있는 듯 끊임없이 시간과 노력이라는 먹이를 준다.

골리앗을 만나기도 전에 기진맥진해지는 꼴이다. 솔직한 거울로 자신을 들여다봐야 한다. 시간이 문제가 아니다. 능력이 문제가 아니다. 불필요한 것에도 지대한 관심과 신경을 쓰는 나의 예민한 감정의 습관이 문제다. 불필요한 것에 대해서 과감하게 둔감해져야 하는데 거기에 너무 민감하다. 하나님을 바라봐야 하거늘 하나님을 바라보지 못하니 골리앗이 잘 보이지 않는다. 그렇기에 엘리압이 옆에서 치고 들어오면 말려들고야 만다.

하나님의 뜻에 대한 영적 감각이 있는 자는 이런 사사로운 감정에 에너지를 낭비하지 않는다. 그러나 하나님의 뜻에, 그 대의에 대해서는 너무나도 둔감하고 자신의 사사로운 감정에는 상당히 민감하다. 그러니 그것이 자신의 우주가 되어 거기에 함몰된다.

만일 다윗이 골리앗에 의해 실추된 하나님의 명예를 회복하고 나라를 구하겠다는 대의를 생각하지 않았다면, 그는 엘리압의 말에 감정이 격해져 형과 쌈질이나 하며 시간과 힘을 낭비했을 것이다.

그리스도를 바라보며

여기서 사도 바울의 이야기를 한번 들여다보자.

> 어떤 이들은 투기와 분쟁으로, 어떤 이들은 착한 뜻으로 그리스도를 전파하나니…… 그들은 나의 매임에 괴로움을 더하게 할 줄로 생각하여 순수하지 못하게 다툼으로 그리스도를 전파하느니라(빌 1:15, 17).

사도 바울이 감옥에 갇혔다. 죄명은 복음 금지 구역에서 예수를 전한다는 이유였다. 당시 사도 바울을 지지한 초대 기독교인들은 그런 바울의 처지를 안타까워하고 함께 중보했다. 그러나 어떤 이들은 같은 기독교인임에도 불구하고 바울의 처지를 고소해하였다. 평소 사도 바울의 능력 있는 사역을 시기하던 자들이다. 그들은 순수하게 복음을 전하기보다 자신을 과시하고 싶은 자들이었다. 복음 전파도 마치 바울과 경쟁을 하듯 했다. 자신들이 바울보다 더 능력 있는 사역자라는 것을 뽐내고 싶었던 것이다.

마침 그들이 생각하는 경쟁자인 사도 바울이(바울은 전혀 이에 대해 의식하지 않았겠지만) 감옥에 들어가니 기다렸다는 듯이 사도 바울의 험담을 주변인들에게 해대었다. 말씀의 정황상 이렇게 말했을 것으로 추측된다.

"봐라! 우리가 뭐라고 그랬냐? 꼴 좋다. 바울이 그렇게 될 줄 알았다. 이제 사도 바울의 시대는 갔다. 이제는 우리 무리에 섞여서 함께하자!"

만일 내가 바울의 입장에서 이 소식을 감옥에서 들었다면 어떤 반응을 하겠는가? 분에 차 씩씩거리며 밤잠을 못 이루고 '어휴, 열 받아! 내가 나가기만 해봐라! 가만 안 두겠어…….' 하지는 않았을까? 만일 이런 반응이 나온다면 이는 엘리압에게 넘어지는 것이다.

사도 바울의 다음 대답을 주목해 보자(빌 1:18-21).

7. 목적을 향한 길에 엘리압이 있었다

그러면 무엇이냐?

"뭐 어떠냐?"

겉치레로 하나 참으로 하나 무슨 방도로 하든지 비록 순수하게 하지 않고 나를 욕하며 복음을 전한다고 하더라도 전파되는 것은 그리스도니 이로써 나는 기뻐하고 또한 기뻐하리라.

"괜찮다, 괜찮아. 난 그런 걸로 상처 안 받는다. 오히려 복음이 전하여 진다면 기쁘다."

나의 간절한 기대와 소망을 따라 아무 일에든지 부끄러워하지 아니하고 지금도 전과 같이 온전히 담대하여 살든지 죽든지 내 몸에서 그리스도가 존귀하게 되게 하려 하나니, 이는 내게 사는 것이 그리스도니 죽는 것도 유익함이라.

"어차피 내가 살든지 죽든지 오직 예수님의 존귀와 영광을 위해 사는 것이다. 그렇게라도 그들로 인해 예수님이 전해질 수만 있다면야 나에 대한 험담이 대수겠는가? 이 감옥에서 죽는 것조차 나는 유익하게 받아 들일 수 있다."

가슴이 뜨거워지는 구절이다. 항상 그리스도를 바라보는 시각을 갖고 있으니 엘리압의 말들이 그의 마음을 흔들지 못한다. 그의 중심이 하나님을 향하고 있으니 그런 소리에 상처 받지 않는다. 거룩한 하나님의 목적을 이루고자 하는 인생은 엘리압과 감정 씨름으로 인생의 에너지를 낭비하지 않는다.

영화 "패션 오브 크라이스트"에는 예수님이 채찍에 맞은 후 만신창이가 된 몸으로 십자가를 지고 골고다를 향해 가다, 그 무게를 견디지 못하고 쓰러지시는 장면이 나온다. 그때 지켜보던 어머니 마리아가 어린 시절 예수님이 넘어졌을 때 일으켜주던 것을 회상하며 뛰쳐나온다. 가슴이 무너지는 장면이다. 어머니 마리아가 일으켜 세우려 하는데 예수님은 이렇게 말한다.

"어머니! 보십시오. 제가 만물을 새롭게 하겠습니다."

어머니의 도움을 마다하고 십자가를 다시 지고 골고다를 향해 가신다. 복음의 정수가 느껴지는 장면이다. 예수님은 어머니 앞에서 어리광을 피우거나 힘들다, 상처 받았다 하지 않으셨다. 그를 향하여 돌을 던지는 무리와 실랑이를 하지 않으셨다. 끝까지 자신이 받은 대의를 바라보며 인류 구원을 위해 저돌적으로 나아가는 장면을 보여주셨다.

이런 예수님의 삶을 보면 한낱 누군가로 인해 약간 마음이 상했다고 그것을 상처라고 자꾸 부풀리는 것은 그리스도인이 가질 바른 태도가 아님을 알게 된다. 마음을 유약하게 만드는 세상의 논리가 자주 기독교를 침범한다. 우린 복음이라는 대의, 하나님이라는 영광의 대의를 향해 승리하며 나아가는 야성의 그리스도인들이 되어야 한다. 그래야 그런 영적 엘리압에 함몰되지 않고 주신 인생을 살아갈 수 있다.

마음을 지키라

우리 주변에 얼마나 엘리압이 많은가? 그 엘리압이 사람으로, 환경으로, 유혹 거리로 둔갑하며 나타난다. 그럴 때마다 감정적으로 대응하고 휘둘리면 우린 골리앗과 싸울 수 없다. 잊지 말아야 한다. 우리 그리스도인의 목적이 무엇인지를 말이다.

SOLI DEO GLORIA, 하나님께 영광!『웨스트민스터 신앙고백』의 제1문답을 보면, "사람의 첫째 되는 목적이 무엇인가? – 하나님께 영광을 돌리며 그를 즐거워하는 것이다."라고 말하고 있다. 사람의 목적이 무엇이어야 하는지 명시한다. 골리앗을 쓰러뜨려야 할 내가 엘리압과 실랑이하느라 인생의 에너지를 낭비한다면, 우리를 통해서 하나님의 이름은 드러나지도 못하고 결국 소비적 싸움으로 인생을 마감할 것이다. 불쌍한 인생이다.

> 모든 지킬 만한 것 중에 더욱 네 마음을 지키라 생명의 근원이 이에서 남이니라(잠 4:23).

마음은 생명의 근원지라는 잠언 말씀이다. 그 근원지가 흐려지면 하나님께서 우리에게 주신 소중한 인생의 시간을 비본질적 것에 빼앗길 수 있다고 말씀한다. 그래서 무릇 모든 것 중에서 최우선적으로 고려할 것은 마음이다. 무엇이 우리의 마음을 산란하게 만드는가? 무엇이 내 마음과 정신을 뒤흔들어 놓는가? 우리의 마음을 산란하게 하고 후비어 파는 그 무엇, 내 마음과 정신을 뒤흔들어 놓는 그 무엇으로부터 이기고 벗어나기 위해서는 그 목적, 우리 인생의 목적, 하나님의 영광의 그 목적을 끊임없이 주지해야 한다.

사울은 그 마음을 지키지 못한 이였다. 골리앗과의 대전에서 다윗의 공로로 큰 승리를 얻고 왕궁으로 귀가하던 중 이런 노랫소리를 듣는다.

사울이 죽인자는 천천이요, 다윗은 만만이로다 한지라(삼상 18:7).

사울이 전쟁에서 죽인 자가 천 명이라면 다윗은 만 명이라는 말이다. 전쟁의 공이 사울이 아닌 다윗에게 있음을 이미 온 국민이 알고 있었다. 이는 사실이었다. 그래도 그렇지, 왕이 힘든 전쟁을 마치고 왔는데 고생했다고 반갑게 맞아 주지는 못할망정 어찌 심기를 건드리는 말을 모든 사람 앞에서 할 수 있는지……. 참으로 철없는 노랫소리였다. 사울의 입장이었다면 누구라도 마음이 상했을 것이다.

하지만 우리 인생 속에서 신경을 거슬리게 만드는 말이 어디 한두 마디던가? 열린 귀를 비집고 들어와서 뇌세포를 점령하고 밑으로 내려와 마음을 헤집고 돌아다닌다. 남들은 생각 없이 한 말일지라도 비수에 꽂혀 잠 못 이루게 만드는 말들이 얼마나 많은지…….

문제는 이런 일들이 수없이 우리 생활 가운데서 일어난다는 것이다. 그럴 때마다 일일이 신경질적으로 반응한다면 우리는 일을 이루거나 행복을 유지하는 데 큰 방해를 받을 것이다. 더하여 이에 대한 손해는 고스란히 우리 인생에 축적된다. 사울이 그랬다. 이 이후부터 다윗을 의식했다. 지나치게 그 말을 의식했고 결국 그것이 자신을 망쳐버렸다.

그들은 세상에 속한 고로 세상에 속한 말을 하매 세상이 그들의 말을 듣느니라(요일 4:5).

하나님께 속한 자들은 하나님의 말에 귀를 기울이지 세상의 영이 잔뜩 담긴 말에 일일이 반응하여 다시 오지 않을 오늘과 내일을 망치지 않는다. 이솝우화 '토끼와 거북이'에서 거북이가 토끼를 이길 수 있었던 요인을 분석한 칼럼을 본 적이 있다. 답이 무엇이었을까? 토끼가 방정맞아서? 거북이가 꾸준했기에? 진짜 답은 거북이의 명확한 목적 의식이었다. 거북이가 토끼의 조롱 섞인 말과 신경을 거슬리게 하는 행동에도 흔들리지 않을 수 있었던 것은 목표 지점이 분명했기 때문이라는 것이다. 거북이는 토끼와 실랑이할 이유가 없었다. 거북이의 목적은 토끼가 아니었기 때문이다.

내 삶의 목적은 무엇인가? 어디에 목적 의식이 있는가? 귀중한 시간을 어디에 쏟고 있는가? 내가 어떤 것에 신경을 쓰고 시간을 쏟는다면 그것은 내 목숨을 주는 것과 마찬가지다. 시간은 내 생명을 지속하게 해주는 순간이기 때문이다.

엘리압에 나의 생명을 빼앗겨 목적을 상실한다면 그만큼 억울한 인생도 없을 것이다. 골리앗과의 대전을 앞두고 있는데 엘리압이 지긋지긋하게 따라 붙을 때가 있다. 잠자리에 들려 해도 생각에서 떨어지지 않는다. 그때마다 목적 의식을 되새겨야 할 때다. 우리의 목적은 골리앗을 쓰러뜨려 하나님의 영광을 드러내는 일이지 엘리압과의 귀찮은 언쟁이 아니기 때문이다.

내 인생의 목적은 무엇인가? 진정 하나님을 향한 목적 의식이 있는가? 그분을 향한 열정이 있는가? 그렇다면 더 이상 엘리압으로 인해 넘어지는 일은 없어야 한다. 엘리압과 골리앗 사이에서 이리저리 산만한 인생이 아닌 그분을 향한 명확한 목적 의식이 있는, 주님이 찾는 그 사람이 되기를……..

8.
지독한 상사에게 시달렸다

사울이 다윗을 더욱더욱 두려워하여 평생에 다윗의 대적이 되니라(삼상 18:29).

상사와의 관계가 꼬이다

한 매체에서 조사한 연구에 따르면 현대인들이 직장에서 가장 크게 스트레스를 받는 원인은 직장 상사와의 관계였다. 특히 업무 외적인 일로 감정적 하대를 당할 때 그 스트레스의 강도가 가장 심각했다. 윗사람으로부터 타당한 이유 없이 업무 외적으로 괄시를 받는다면 매일매일이 너무나 고통스러울 것이다. 본인의 잘못으로 윗사람과의 관계가 어그러졌다면 할 말이 없겠지만, 그 원인이 내가 아닌 윗사람 자체의 성격적 결함이나 이기적인 면 때문이라면 이보다 더 억울한 일이 어디에 있겠는가?

문제는 우리가 이런 감정적이고도 일관성이 결여된 윗사람을 만날 가능성이 매우 높다는 점이다. 우리가 몸담은 사회, 기관, 학교, 심지어 교회까지 조직이 있는 곳이라면 어디든 그렇다. 그래서 이런 경우 취하는 대응은 보통 두 가지다. 상급자의 심기를 건드리지 않기 위해 비위를 맞추며 조직체에서 근근이 버티거나 아니면 조직체를 떠날 각오를 하고 감정적으로 맞서는 경우다. 어떤 선택을 하든지 그리스도인의 방법은 아니다. 다윗의 삶을 다시 한 번 들여다보자. 그도 상사에게 시달리는 고충을 겪었다.

다윗은 가정 내에서 이미 고된 조직 생활을 경험했다. 위로 일곱이나 되는 형들 틈바구니에서 어렸을 때부터 어떻게 윗사람 앞에서 처신해야 하는지 몸으로 익혔다. 후에 다윗이 골리앗을 쓰러뜨리고 왕궁에 입궐했을 때에도 다윗은 수많은 조직을 겪어야 했다. 신참내기 무사로 입궐하여 그가 거쳐야 할 윗사람은 한둘이 아니었다. 가정에서 형제들과 지내던 것과는 또 다른 차원의 세계였다. 그러나 그간 몸에 익혀온 습관과 훈련이 있었기에 충분히 극복할 만했다. 다만 최고 통치자 사울 왕 앞에서는 딜랐다.

다윗도 그와의 관계는 너무나 고통스러웠다. 단순히 스트레스의 차원이 아니다. 이해할 수 없는 미움을 받기 시작하며 그의 의도와는 무관하게 사울과의 관계가 점점 꼬여 갔다. 큰 실수를 저지르거나 반역을 한 것도 아니다. 오히려 성실했고 열심을 다하여 혁혁한 공을 세웠다. 최선을 다해 애국했다.

하지만 다윗이 그럴수록 그에 대한 사울의 경계는 더 커졌다. 사울은 다윗의 노력과 수고를 자신의 자리를 탐하려는 대항마의 꼼수로 보았다.

사울이 다윗을 더욱더욱 두려워하여 평생에 다윗의 대적이 되니라.

사울의 경계는 도를 넘어 살기로 나타났다. 패색이 짙어 죽을 수밖에 없는 전쟁으로 다윗을 내모는 속 보이는 짓을 하기도 하였으며, 꼴 보기 싫다며 면전 앞에서 시퍼런 창을 내던지는 짓도 서슴지 않았다.

성경에 의하면 이 시기에 사울은 악령이 들려 있었다고 한다. 악령이 그를 번뇌하게 했다(삼상 16:14). '번뇌'(히브리어 : 바아트)의 원어적 의미는 두려움인데 이에 사로잡혀 있었던 것이다. 극한의 예민함으로 주변을 바라봤다. 모든 것이 그에게 경계의 대상이었기에 신경쇠약에 시달리며 밤마다 잠을 이루지 못했다. 매사에 신경질적이었으며 충신을 역적으로 오인할 정도로 정치에도 온전히 집중하지 못했다. 두려움에만 빠져있어 주변인들이 도무지 가까이 할 수 없는 사람이 되어갔다. 다윗의 윗사람, 그의 군주는 미친 사람이었다.

다윗의 고달픈 삶은 바로 사울이라는 상사를 만나고부터 시작되었다. 하루가 멀다 하고 자신을 괴롭히는 것을 넘어, 죽이지 못해 안달 난 상급자를 당해낼 도리가 없었다. 어쩔 수 없이 짐을 챙겨 왕궁을 떠났지만 사울의 위협은 왕궁 밖에서도 좀처럼 그칠 줄 몰랐다. 들로, 산으로, 굴로, 도망을 쳐도 스토커처럼 악착같이 따라붙는 사울을 따돌리는 것은 쉽지 않았다.

복수의 기회, 다윗의 선택

그렇다고 항상 다윗이 쫓기기만 했던 것은 아니다. 역으로 사울을 죽여 그 질긴 인연을 끊을 기회도 있었다. 무려 두 번이나…….

한번은 다윗이 엔게디 광야 주변의 동굴에서 숨어 지낼 때다. 다윗을 쫓던 사울이 급하게 용변을 보기 위해 굴로 들어갔는데, 하필이면 다윗이 피신해 있던 동굴이었다. 다윗이 칼만 한 번 휘두르면 모든 것을 끝낼 수 있었다. 지긋지긋한 도망자 생활에 마침표를 찍을 수 있었다. 그와 함께 도망 다니던 수하 장수들은 이때가 기회라 외쳤다.

이런 절호의 기회면 다윗의 마음도 요동이 일어나지 않았을까? 더 이상 도망치지 않아도 된다. 따뜻한 이불과 따끈한 밥이 그립다. 침상의 안락함을 느껴본 지가 언제인지 기억이 가물가물하다. 아니, 사울을 죽이고 그 자리에 자신이 앉을 수도 있다. 그렇다! 다윗은 절호의 기회를 얻은 것이다. 칼 한 번만 제대로 내지르면 180도 다른 인생이 펼쳐진다.

'정말 하늘이 준 기회인가! 이게 꿈은 아니겠지…….'

큰 소도 두 동강 날 만한 날카로운 칼을 들고 가만히 다가간다.

'이젠 정말 끝이다. 정말 끝이야. 사울만 죽이면 모든 것이 끝난다.'

그러나 칼은 사울의 몸이 아닌 그의 옷을 살짝 베는 것으로 끝나 버렸다. 그리고 되돌아와 부하들에게 이렇게 말했다.

자기 사람들에게 이르되 내가 손을 들어 여호와의 기름 부음을 받은 내 주를 치는 것은 여호와께서 금하시는 것이니 그는 여호와의 기름 부음을 받은 자가 됨이니라(삼상 24:6).

사울은 완전히 정신 나간 지도자였다. 더 이상 예전의 사울이 아니었다. 그의 신하와 장수들도 그가 바로 직속 상관이었기에 어쩔 수 없이 명령에 따랐던 것이지 신뢰를 잃은 지는 오래다. 오죽하면 아들 요나단까지도 그의 실정에 고개를 저었을까!

사울이 지금 폐위된다면 혼란스러운 이스라엘 정국이 안정을 되찾을 수 있다. 지금 우습게 용변을 보고 있는 이 자만 없애면 지긋지긋한 고생도 끝나고, 왕의 빈자리를 꿰찰 수도 있다. 그렇게 해도 어느 누구 뭐라 할 사람이 없다. 하나님이 도우셨다고 할 만한 신앙적 합리성도 충분했다. 그 때문에 말도 못할 고생을 했다. 모든 것을 다 잃었다. 명예도, 재산도, 자기 가족들 또한 얼마나 많은 위협에 처해졌는지 모른다.

여기까지가 인간이 생각할 수 있는 최상의 전략이다. 그러나 다윗은 한때 자신의 주군이었던 자의 피를 손에 묻힐 수 없었다. 이유는 간단했다. 그가 하나님에 의해 선택된 기름 부음 받은 공식적인 왕이었기 때문이다. 하나님께서 세우신 왕이기에 자신의 감정과 지론에 따라 죽일 수 없다는 결정이었다.

그렇다고 다윗의 마음이 조금도 요동함이 없었던 것은 아니었다. 가만히 다가가 그의 옷을 베는 것으로 보아 말이다. 그도 인간인데 어찌 그런 사울이 밉지 않을 수 있겠는가? 자기 하나 죽이려고 특공대 삼천 명까지 동원했던 사람인데……. 하지만 하나님을 생각하니, 최상위의 상급자이신 하나님을 믿으니 복수의 칼날을 거둘 수밖에 없었다.

두 번째 기회는 십 광야에서였다. 이번에도 사울은 삼천 명의 특공대를 거느리고 이 잡듯이 다윗을 찾으려 혈안이었다. 하지만 사울의 동향을 이제는 어느 정도 파악하던 다윗이기에 호락호락 당하지 않았다. 밤이 되자 사울과 그의 군사들은 진을 쳐 놓고 잠이 들었는데, 그런 동향을 알아차린 다윗은 몇몇 군사와 함께 사울의 진영으로 들어오는 데 성공했다. 아무것도 모른 채 코를 골며 잠자는 사울이 눈에 들어왔다.

같이 갔던 부하 아비새는 단번에 창으로 죽이겠다고 간청할 정도로 이를 갈며 사울을 증오했다. 아무려면 당사자인 다윗만큼 하랴? 한 번은 살려 주었지만 이제는 사울을 없애야겠다는 생각이 들지 않을까? 그러나 다윗의 마음은 흔들리지 않는다.

> 다윗이 아비새에게 이르되 죽이지 말라 누구든지 손을 들어 여호와의 기름 부음 받은 자를 치면 죄가 없겠느냐 하고 다윗이 또 이르되 여호와께서 살아계심을 두고 맹세하노니 여호와께서 그를 치시리니 혹은 죽을 날이 이르거나 또는 전장에 나가서 망하리라(삼상 26:9, 10).

악을 악으로 갚지 않고 하나님께 과감히 맡겨버렸다. 다윗은 인간의 생명은 유한하므로 어차피 생을 마감할 것인데 그 하나님의 순리를 거역하고 사울의 남은 생을 자신이 앞당길 수 없다고 생각했다. 그분이 알아서 할 일이지, 내 할 일도 아니고 너희가 할 일도 아니라는 것이다. 자신이 해야 할 본분과 하지 말아야 할 본분을 명확히 자각하고 있었다. 다윗은 최상위 상급자 하나님의 뜻을 자신의 양심에 비추어 끓어오르는 분노를 소멸시켜 버렸다.

복종하지 아니할 수 없으니 진노 때문에 할 것이 아니라 양심을 따라 할 것이라(롬 13:5).

양심의 근저는 하나님이다. '나' 라는 객체가 아니다. '하나님' 이라는 주체를 인식하는 것이다. 하나님이 살아계시므로 나의 양심도 살아있는 것이다. 하나님이 죽으면 나의 양심도 같이 죽는 것이다. 살아계신 그 하나님을 신뢰하기에 양심을 따라 할 수 있는 것이다. 하나님은 다윗의 그 부분을 보셨다.

시편 18편은 다윗이 마침내 사울의 모질고 간교한 계략에서 벗어난 후 쓴 시이다.

내가 환난 중에서 여호와께 아뢰며 나의 하나님께 부르짖었더니 그가 그의 성전에서 내 소리를 들으심이여 그의 앞에서 나의 부르짖음이 그의 귀에 들렸도다(6절).

다윗에게도 너무 괴로운 시절이었다. 그런 윗사람을 만나 자신의 인생이 송두리째 망쳐져가는 듯하여 고통스러웠다. 왜 이렇게 힘들게 도망 다니며 살아야 하는지, 눈물로 밤을 지새운 날을 다 셀 수 없었다. 다만 그의 대처는 모사를 꾸미는 것도 아니었고 그렇다고 본연의 모습을 잃어가면서 비참하게 빌빌거리며 살고자 하는 것도 아니었다. 정신이 상자인 사울에 끌려가 자신의 인생을 근근이 유지하지 않았다. 그의 하나님은 사울이 아니었기 때문이다.

여호와 외에 누가 하나님이며 우리 하나님 외에 누가 반석이냐(31절).

가장 높은 분

다윗에게 이스라엘 국가조직의 최상층이 사울이었어도 만유의 최상층은 여호와 하나님이었다. 아무리 직급이 높더라도 하나님보다는 못한 법이다. 다윗은 그분의 뜻을 따르는 것이 무엇보다 우선이었다. 힘들게 고통을 겪는다 하더라도 최종 상급자가 하나님이시니, 하나님께서 해결해주실 것이라 믿었다.

그리스도인이란 임마누엘 하나님을 믿는 자들이다. '임마누엘'이 무슨 뜻인가? "하나님이 우리와 함께 계시다."이다. 그분이 살아계신다면 윗사람의 불의를 끝까지 가만 보고 계시지 않을 것이다. 오히려 하나님은 그 불의 가운데서도 나를 더 강성하게 만들어 주신다. 역설적이게도 '그 불의'에서 '나의 불의'를 뽑아내시고 정금처럼 만들어 놓으신다. 다윗에게 그러하셨듯이 말이다. 불의한 상급자에게 불의한 일을 당할지라도, 정의로운 하나님의 뜻이 설 때까지 성실함과 인내로 견뎌라. 하나님은 나를 정금같이 단련시키시고 불의한 자를 대신 멸하실 것이다. 불의와 사심을 좇는 사울은 낮추고, 당신의 뜻과 정의를 좇은 다윗은 높이셨듯이 말이다.

내 사랑하는 자들아 너희가 친히 원수를 갚지 말고 하나님의 진노하심에 맡기라 기록되었으되 원수 갚는 것이 내게 있으니 내가 갚으리라고 주께서 말씀하시니라(롬 12:19).

거룩하고 참된 정의를 따르는 그리스도인은 주어진 위치에서 본연의 성실을 지킨다. 나의 상급자보다 높은 분은 하나님이시니, 최종 상급자이신 그분의 뜻을 기다리며 양심으로 행한다. 본연의 사명을 감당하며 그 위에 계신 하나님을 바라본다. 다윗의 어려움을 해결하신 하나님이 지금도 살아계시다면, 그 양심과 성실함을 보시고 그 괴로움을 이해하시며 해결점을 내려 주신다.

악에게 지지 말고 선으로 악을 이기라(롬 12:21).

내가 겪는 고난 위에 하나님의 확고한 법령이 존재한다. 아무리 자신의 상급자가 악할지라도 똑같이 악으로 대응할 것이 아니라, 믿는 자로서 오히려 더욱 철저히 선함을 지켜야 한다. 그래서 악을 행하는 지도자들로 하여금 부끄러움을 느끼도록 만들라.

나의 윗사람이 불의한 자일지라도 그 위의 하나님은 정의로우신 분이시다. 하나님께서 베푸실 정의를 기대할 때 우리는 주어진 본분에 충실할 수 있다.

9.
시련은 모질고 길었다

의인은 고난이 많으나 여호와께서 그의 모든 고난에서 건지시는도다 그의 모든 뼈를 보호하심이여 그 중에서 하나도 꺾이지 아니하도다(다윗의 시 34:19, 20).

시인이자 목사였던 헨리 밴 다이크의 "만일 온 하늘이 햇살로 뒤덮였다면(If all the skies were sunshine)"이라는 영시가 있다. 오래전부터 되뇌었던 시였는데 특별히 마음이 와 닿았던 것은 삶의 양면성이 그대로 담겨 있기 때문이다.

시의 내용은 이렇다. 흔히 우리는 세상이 따뜻한 햇살만으로 뒤덮이길 바라지만 그렇게 된다면 때론 시원하게 내리는 비를 그리워할 것이라고, 늘 듣기 좋은 음악의 선율을 바라지만 계속 음악만 듣다보면 때론 적막함을 원할 것이라 한다. 결론적으로 시인은 이렇게 말하는 것이 아닐까? 우리는 항상 기쁘고 행복하기를 바라지만 만일 항상 즐겁기만 하다면, 우리 영혼은 오히려 슬픔 속에서 안식을 느끼게 될 것이다. 늘 즐겁고 행복하기만 한 것이 마냥 좋은 것만은 아니라는 것이다. 종종 고난과 슬픔이 있어야만 즐거움과 행복이 더 가치 있게 느껴지는 법이다. 하나님께서 맑은 날씨와 더불어 흐린 날씨를 주신 것, 즐거움과 함께 때론 슬픔도 주신 것, 다 이유가 있다. 이 한 편의 시가 이를 설명해주는 듯하다.

내 앞의 시련을 해석하는 법

흔히 이전에 하나님을 전혀 몰랐던 사람이 신앙을 갖게 되면 모든 것이 다 행복하고 좋을 것으로 생각하는 경우가 있다. 만사형통! 그러나 정말 그런가? 정말 신앙을 가지면 날마다 행복한 일이 벌어지는가? 하나님을 믿게 된다고 해서 날마다 웃음만 나올까? 그렇지 않다. 하나님을 믿어도 얼마나 많은 고난과 슬픔이 있는지 모른다. 더 괴로운 것은 왜 내게 이런 고난이 있는지, 왜 내게 이런 슬픔이 있어야만 하는지 그 이유를 모를 때다. 힘든 현실에 지치다 보면 '내가 무슨 죄를 지어서 그런 것이 아닌가?' 하며 자책할 때도 있다.

『심청전』에서 심청이가 인당수에 빠지는 장면을 생각해보라. 왜 멀쩡한 처자가 바다에 빠져야만 하는가? 넘실거리는 파도 때문에 상인들이 바다를 건너기 어려웠다. 그들은 어떤 이유로 바다의 신이 화가 난 것이 틀림없다고 생각했다. 그래서 처녀를 바치면 바다의 신이 화를 가라앉혀 파도를 잠잠하게 해줄 것이라 믿었다. 이런 종교성 속에서 이 동화가 전래되었다. 이런 미신에 물든 이들은 어려움과 슬픔을 만나면 신이 화가 나서 벌을 내리는 것이라 생각한다.

"안 좋은 일이 생겼다. 이건 분명히 신이 나를 미워해서 그런 것이다. 그러면 신이 더 이상 나를 미워하지 않게 어서 달래줘야겠다."

삶 속에서 겪는 시련을 모두 이렇게 해석한다. 그렇기에 그들은 신이 자신들을 사랑한다는 것을 감히 생각하지를 못한다. 안 미워하면 다행이다. 신은 항상 분노하고 무서우며 잘잘못을 끄집어내서 지적하고 훈계해 벌을 주는 존재로 받아들인다.

물론 성경을 보면 하나님께서도 인간의 죄에 대해 벌을 내리신다. 그러나 그 벌은 처형의 의미보다는 회초리에 가깝다. 마치 부모가 곁길로 나가는 자녀에게 바르게 살라고 회초리를 들듯이 말이다. 정상적 부모와 자녀의 관계라면 그 회초리가 자신을 미워해서가 아니라 사랑해서 때리는 것임을 안다. 하나님께서 우리가 잘못했을 때 벌을 내리시는 것은 우리를 망하게 하려는 것이 아니라 우리가 정말 바른 길로 가길 바라는 마음에서다.

'시련' 도 마찬가지다. 이런 연장선상에서 이해해야 한다. 우리 믿는 사람들에게도 어려운 고난이라는 시련의 시설이 올 때가 있는데, 하나님께서 그것을 허락하시는 이유는 우리가 미워서 골탕 먹이시려고 하는 것이 아니다. 예수 그리스도를 믿는 사람들, 죽기까지 자기 아들을 아끼지 않고 우리를 위해서 십자가를 지게 하셨다는 성경의 진리를 믿는 사람들은 고난을 그런 식으로 해석하지 않는다. 내가 밉상이라 하나님이 나에게 고난이라는 벌을 주시는 것이 아니다. 하나님께서 고난을 허락하시는 이유, 그 뒤편에는 하나님의 거룩한 사랑이 있다.

하나님이여 주께서 우리를 시험하시되 우리를 단련하시기를 은을 단련함 같이 하셨으며(시 66:10).

나를 기가 막힐 웅덩이와 수렁에서 끌어 올리시고 내 발을 반석 위에 두사 내 걸음을 견고하게 하셨도다(다윗의 시 40:2).

이런 하나님의 마음을 이해할 때 내게 벌어지는 시련을 바르게 해석할 수 있다. 시련을 바르게 해석할 때만이 우리는 그 시련을 디딤돌로 삼고 하나님 안에서 바르게 성장하게 된다. 그러나 시련을 왜곡되고 비뚤게 해석하면 시련은 하나님 밖에서 내 인생의 걸림돌이요, 장애물밖에 되지 않는다. 시련이 디딤돌이냐, 걸림돌이냐 하는 것은 시련을 허락하시는 하나님을 향한 나의 태도에 달려 있다.

다윗이 고난을 대하는 태도를 보라. 그가 시련을 하나님 안에서 어떻게 해석하는지……. '하나님은 날 왜 이렇게 고생시키시는 거야! 날 싫어하나 봐! 날 버렸나 봐!' 하고 비뚤게 해석하는가?

의인은 고난이 많으나 여호와께서 그의 모든 고난에서 건지시는도다.

무슨 말씀인가? 의인은 고난이 많다. 고난 없이 의인은 없다는 것이다. 그 사람을 의인으로 만들고자 하는 원대한 하나님의 계획이 숨겨져 있다. 그 도구가 고난이다. 하나님께서는 사랑하는 사람을 위대한 의인으로 만들고자 그에게 고난을 허락하신다. 성경에 나오는 의인들에게 발견되는 공통점은 하나같이 다 고난의 학교를 통과했다는 점이다. 아브라함, 모세, 요셉 그들 모두가 그러했다. 의인이 되기 위한 필수 교과목이었다. 훌륭한 의사가 되기 위해서 어려운 의학 과목과 실습 과정을 이수하여야 하듯이, 훌륭한 그리스도인이 되기 위해서는 시련이라는 과목을 필수로 거쳐야만 한다. 그래야 한 사람의 의인으로 이 세상에서 하나님의 뜻을 구현할 수 있다.

다윗의 흑역사

다윗도 그랬다. 그에게도 모진 시련을 온몸으로 겪어야만 했던 시절이 있었다. 하루아침에 날벼락을 맞아 풍비박산이 나, 밑바닥 중에 밑바닥으로 내려가서 한 치 앞이 어떻게 펼쳐질지 모르는, 미칠 것 같은 불안감에 사시나무 떨 듯 하는 그런 시절 말이다. 그 여파가 10여 년 세월 동안 따라다녔다.

사무엘상 21장 10절 이하에 이때 사건이 소상히 기록되어 있다. 왕궁에서 촉망받던 다윗은 내일이 불확실한 길거리 노숙자로 내려앉아 버렸다. 사울의 병적 시기와 증오로 차기 왕권 후보였던 화려함을 뒤로 한 채 하루아침에 도망자로 전락했다. 그런 와중에 지푸라기라도 붙잡는 마음으로 무엇이든 붙잡았는데 하필이면 그 지푸라기가 이스라엘의 적국인 가드였다.

가드는 바로 골리앗의 출신지로, 이스라엘의 적국이었다. 어제의 적이 오늘 동지가 된 셈이다. 골리앗을 쓰러뜨린 전설을 앞세워 어느 정도의 대우를 기대하며 투항하였다. 그러나 그것이 큰 실수였음을 깨닫는 데는 그리 오래 걸리지 않았다.

처음에는 가드도 이스라엘의 유명한 장군이 투항했으니 자국의 사기를 높이는 데에 잘 이용할 수 있겠다 싶었다. 그랬기에 다윗을 편승시키는 데 별 이견이 없었다.

"봐라. 너희 나라의 유능한 장군이 우리 나라에 투항했다. 그러니 너희 이스라엘은 더 이상 우리한테 까불지 마라!"

과시용으로 다윗을 이용하였다. 그런데 시간이 지날수록 가드의 기류가 심상치 않았다. 간첩으로 의심을 받게 된 것이다. 저런 장수가 아무 이유 없이 투항할 리 없다는 가드 정치인들의 입김이 다윗을 궁지로 내몰았다.

참으로 비빌 언덕도 없는 다윗이다. 고향에서도 쫓기고 이곳에서도 천대를 받으니 말이다. 그래도 다윗은 또다시 비빌 언덕을 찾는다. 그것은 '정신병자' 흉내였다. 멀쩡했던 사람이 갑자기 정신이상자 흉내를 낸다면 몇이나 믿어 줄까 생각할지 몰라도, 다윗의 연기력은 칸 남우주연상 감이라도 될 정도로 기가 막혔다.

다윗의 연기력에 모든 가드 사람들은 완전히 속았다. 수염에 침을 질질 흘리며 코미디에서나 볼 듯한 목소리로 정신병자 흉내를 내며 헛말을 해대는데 누군들 안 속겠는가? 하나님만 빼고 모두 속았다.

이것이 다윗의 재치인지 아니면 이렇게 비굴하게라도 살고자 하는 인간의 생존본능인지 구분하기 어렵다. 결국 다윗은 정신병자 취급을 받고 쫓겨나게 된다. 가드에 투항했을 때만 해도 골리앗을 쓰러뜨린 장수라는 명성은 그나마 있었지만, 이제는 정신병자라는 덤만 얻고 내버려졌다. 그나마 남아있던 명예도 완전히 고꾸라졌다. 아무것도 남은 것이 없었다. 밑바닥보다 더 아래의 구덩이로 내몰려졌다.

만일 내가 다윗이라면 이 사건은 인생에서 지우고 싶은 과거일 것이다. 얼마나 창피할까! 한때는 잘 나가는 장군이었는데, 골리앗을 물리치고 인기가 하늘을 찌를 듯 했으며 명장의 반열에 올랐었는데…….

그 명장이 이제는 어떻게든 살아보려고 매국노와 같은 방법을 써 적진으로 도망쳤다. 거기서 목숨이라도 부지하려 했건만 그마저도 실패해 침을 질질 흘리며 정신병자 취급이나 받으며 쫓겨났다. 딱 죽고 싶은 심정이지 않았겠는가? 살고자 했는데 그 몸부림이 오히려 더 죽고 싶은 상황을 만들었다. 이때는 명예에 죽고 명예에 사는 시대가 아니던가? 지우고 싶은 과거요, 치가 떨리는 날이었다.

다윗이 미쳤다는 소문은 여기저기에 퍼졌다. '도망 다니다 미쳐 침을 질질 흘리고 다니더라.', '시골뜨기 출신이 주제도 모르고 설치더니만 결국은 그 꼴이 되었더라.' 등 소문에 소문이 꼬리를 물었을 것이다. 이후에도 그때 그 일이 문득문득 떠올랐을지 모른다. '내가 그때 왜 그랬지? 그렇게 하면서까지 목숨을 구걸해야 했을까 차라리 명예롭게 죽는 편이 더 낫지 않았을까?' 하며 두려움과 불안을 겪을 수도 있었다.

그러나 그에게 그날은 꼭 수치의 날만은 아니었다. 어떻게든 살아보려 하다 실수를 범했지만 그럼에도 나락으로부터 건져내주시는 하나님을 경험하였다. 하나님의 놀라운 자비에 감격할 수 있었다. 다윗은 자신이 겪었던 수치스런 과거를 이렇게 해석한 것이다.

우리에게도 지우고 싶은 과거의 상처가 있다. 체면이 구겨진 정도를 넘어 그 일만 떠올리면 치가 떨리고 수치스러운 경험 말이다. 요샛말로는 '흑역사'라 하더라. 그러나 이미 그 일은 벌어진 일이다. 엎질러진 물이요, 쏜 화살이다. 그렇다면 우린 기억하고 싶지 않은 과거에 대해 어떻게 대처하고 있으며 그것으로부터 어떤 영향을 받고 있는가? 다윗은 그 일을 겪은 후 이렇게 고백한다.

의인은 고난이 많으나 여호와께서 그의 모든 고난에서 건지시는도다.
그의 모든 뼈를 보호하심이여 그 중에서 하나도 꺾이지 아니하도다.

살다 보면 고난이 많지만 그 고난으로부터 건져내신다고 한다.
"뼈를 보호하심이여 하나도 꺾이지 아니하도다."

고난이 너무 강하면 뼈가 부러질 염려가 있다. 아무리 고난을 통해서 강해진다고 해도 뼈가 부러지면 움직이지 못한다. 그것은 고난이 아니라 상해다.

그런데 하나님께서는 그렇게 되도록 놔두시지 않는다고 그는 확신한다. 다윗은 충분히 감당할 만큼만 상처와 고통을 허락하신다고 보았다. 더 이상 일어설 수 없는 상처와 고통까지 가도록 내버려 두시지 않는다고 한다. 과거의 수치스런 고통을 현재에서 미래로 발전하게 만드는 자양분으로 받아들인 것이다. 기억하라. 내가 과거를 어떻게 받아들이느냐에 따라 나를 단련되게도 유약하게도 만들 수 있음을……. 다윗은 상처를 딛고 성장하였다.

외상 후 스트레스 장애

심리학에서 "외상 후 스트레스 장애"라는 용어가 있다. 어떤 어려움과 충격적 문제를 겪은 후 위축되어 점점 무기력해지고 실패의 두려움에 휩싸이는 것이다. 과거의 아픔이 계속 현재와 미래로 가는 발목을 잡는다. 반면 "외상 후 스트레스 장애"의 반대 용어로 "외상 후 성장"이라는 이론이 있다. 살다가 똑같이 어려움과 충격적 문제를 겪기도 하지만 위축되지 않는다. 무기력해지지 않는다. 오히려 유약한 살에 굳은살이 붙어 더 단련되고 튼튼해진다.

기타를 치기 위해서는 팽팽한 쇠줄을 잡아야 한다. 처음에는 손끝이 너무 아프고 곧 갈라지고 피가 난다. 쓰라려서 손을 공중에 털어도 아픔이 가시지 않는다. 그런데 그때 연습을 게을리 하거나 그만두면 그 사람은 기타를 절대 못 친다. 위축되어 점점 무기력해지고 실패의 두려움에 휩싸이는 "외상 후 스트레스 장애"로 끝나는 것이다. 하지만 끝까지 참고 꾸준히 연습하면 어느 날 손끝에 굳은살이 박인다. 그러면 더 이상 아프지 않다. 그렇게 손끝의 허물이 몇 번은 벗겨져야 기타를 잘 칠 수 있게 된다. 성장이 이뤄지는 것이다. 기타를 잘 다루는 사람들을 보면 손끝의 굳은살이 통통하다. 기타 연주 거장들의 손끝은 모두 그런 혹독한 시련의 과정을 겪었다.

하나님께서 고난을 주시는 것은 우리가 미워서가 아니다. 미운데 왜 고난을 주시겠는가? 사랑의 반대말은 미움이 아니라 무관심이고 유기이다. 지옥이 바로 유기의 끝이다. 영원히 내버려 두는 것이다. 하나님은 사랑하지 않는 자에게 고난을 주시지 않는다. 기대하는 바가 없는데 고난을 통해 무슨 가르침을 주시겠는가? 하나님이 사용하시는 사람들을 보라. 하나같이 다 고난과 시련이 있었다. 평탄한 삶을 산 의인은 없다. 오히려 고난이 많을수록 의인은 굳은살이 박이며 더욱 강해진다. 이것이 하나님께서 우리에게 고난을 주시는 이유다.

만일 다윗에게 시련이 없었다면 그가 진정 하나님의 사람이 될 수 있었을까? 그런 시련을 슬기롭게 대처하는 방법을 몰랐다면 과연 오늘날 우리가 접하는 성경의 그 다윗이 될 수 있었을까? 사울과 다윗의 차이는 시련의 경중이 아니었다. 시련을 대하는 태도와 자세의 결과였다.

다윗은 외상 후 스트레스 장애를 겪은 것이 아니라 그것을 발판 삼아 오히려 성장했다. 그래서 자신의 치욕스러운 과거가 영원히 남을 수 있음에도 시편을 기록했고 그것은 성경이 되어 수천 년이 지난 오늘 이 시간 우리가 읽고 있다. 문제와 고생, 고난 앞에서 이것도 상처, 저것도 상처, 매번 자신의 상처에 골몰하는 유약한 모습을 보인다면 인생에서 무슨 기대를 갖고 살 수 있겠는가?

> 사람이 감당할 시험밖에는 너희가 당한 것이 없나니 오직 하나님은 미쁘사 너희가 감당하지 못할 시험 당함을 허락하지 아니하시고 시험 당할 즈음에 또한 피할 길을 내사 너희로 능히 감당하게 하시느니라(고전 10:13).

하나님의 자녀에게는 '외상 후 스트레스 장애'란 없다. 성장만 있을 뿐이다. 내가 믿음으로 거부한다면 외상 후 상처들은 더 이상 내 마음으로 전이될 수 없다. 마음 문의 잠금 장치는 내 안에서만 열 수 있다. 내가 열지 않으면 상처들은 애초에 들어올 수 없는 것이다. 그럼에도 나도 모르게 문을 열어 주었다. 온몸으로 그 상처를 받아들였다. 아팠으며 아픔에 머물러 있는 시간이 길었다.

과거를 되돌아보라. 얼마나 그런 경우가 많았는지……. 난 그러하지 않았다고 자신 있게 말할 수 있는가? 아직도 그 문을 활짝 열어놓은 채 끊임없이 들어오는 상처들을 곱씹고 있지는 않은가? 어서 그 문을 잠가라. 우린 혼자가 아니다. 그분이 함께 계시다. 그분을 옆으로 제치지만 않는다면 상처의 강도들에게 문이 열리는 일은 없다.

시련의 배후

나는 26살 때 '근무력증' 의심 환자로 판정 받은 바 있다. 이 병은 근육이 점차 얇아지고 약해지다가 나중에는 점차 전신의 근육이 무력해지는 병이다. 중요한 시험을 준비해야 하는 시기였는데 자꾸만 글씨가 겹쳐 보이고 오른쪽 눈꺼풀이 자꾸 내려오는 것이었다. 그래서 내려온 눈꺼풀을 손으로 자주 올리는 습관이 생겼다.

증상이 계속되자 병원에 가서 진단을 받아 보니 근무력증일 가능성이 크다고 했다. 전에 동생이 군대에서 근무력증 증상으로 의가사 제대까지 할 뻔했던 터라 가족력이 있을 수 있다는 진단을 받았다. 한창 일하고 꿈꾸고 공부할 20대 중반에 그런 병에 걸렸다고 하니 매일매일이 눈물이었다. 괴로운 나머지 홀로 밤거리를 뛰어다니면서 "나는 죽지 않는다."고 주문을 외우기도 했다.

그럼에도 무슨 강단이 있었는지 이대로 포기할 수 없다는 생각에 시험 준비를 위한 공부는 놓지 않았다. 조금만 책을 봐도 눈이 부시고, 오른쪽 눈꺼풀이 잘 뜨이지 않아 5분 책 보고 5분 눈감으며 공부했다. 그러면서 하나님께 살려달라고 매일 1시간 이상씩 기도했다. 어느 날은 기도하다 너무 울어서 눈알이 빠질 것만 같았다. 어차피 눈꺼풀에 덮여 버릴 눈이라면, 차라리 기도하다 눈알이 빠지는 게 낫다고 생각했다.

그렇게 하루하루 전쟁을 치르다시피 견디던 중, 어느 날 눈꺼풀에 힘이 들어가고 내려오지 않았다. 10분 이상 책을 봐도 글씨가 두 개가 아닌 하나로 보였다. 이후 더 이상 증세가 진행되지 않고 호전되었다. 이어 남은 40일 동안 하나님께서 뒤쳐진 공부를 따라갈 수 있는 지혜를 주시는데, 내가 그렇게 머리가 좋은 줄은 그때 처음 알았다. 지식이 들어오기 시작하는데 나중에는 감당이 안 될 정도였다.

'내 힘으로 되지 않고 하나님의 힘으로 된다는 것이 이런 것이구나. 이것이 은혜구나……. 약할 때 강하다는 말씀이 이것이구나……. 하나님이 그런 원인 모를 질병을 주셨던 이유가 있었구나!'

중요한 시험을 앞두고 혹독한 질병과 시련의 시기를 보냈지만 지금에 와서 그것은 내게 더 이상 상처가 아니다. 만일 그것이 상처로 계속 남아 있다면 이렇게 기쁜 마음으로 간증할 일이 없을 것이다. 상처는 드러내고 싶지 않고 감추고 싶지 않던가? 난 지금 그 당시 시련을 하나님이 나를 더 강하게 만들어 주신, 하나님의 도움이 무엇인지 알게 하신, 그런 어려운 상황에서 기도하는 법을 배우게 하신 기간이었다고 믿는다. 그 시련의 배후에는 분명 하나님의 사랑이 있었다. 당시 내가 하나님께 회개하지 않은 부분까지 깨닫게 하심으로 시련과 함께 교훈하셨다. 내

속의 불순물 을 걷어내고 순금으로 만들길 원하셨던 것이다.

하루아침에 나락으로 떨어지는 수치를 경험했더라도, 툴툴 털고 일어나 뼈가 으스러지고 꺾이지 않아 살아있음에 대해 감사하며 아팠던 만큼 더 큰 기대를 갖자. 이 같은 영적 해석을 할 수 있다면 희망은 아직도 있다. 이런 일련의 시련 후 더 단단해진 다윗을 보듯이, 그게 끝이 아니었듯이, 우리는 강한 의인으로 변모한다. 설사 연약함으로 넘어져도 다시 한 번 우리를 지지해주시는 분이 바로 하나님이시다. 시련은 나를 강성한 의인으로 사용하길 원하시는 하나님의 원대한 계획이다. 그 시련의 터널을 통과했을 때 반드시 빛은 보인다. 우리가 지나는 곳은 끝없는 어둠의 동굴이 아니다. 시련은 시련으로만 끝나지 않는다. 시련은 우리를 강한 의인으로 만든다.

하나님이여 주께서 우리를 시험하시되 우리를 단련하시기를 은을 단련함 같이 하셨으며(시 66:10).

나를 기가 막힐 웅덩이와 수렁에서 끌어 올리시고 내 발을 반석 위에 두사 내 걸음을 견고하게 하셨도다(다윗의 시 40:2).

David

2부

끝자락에 몰리다

10.
Burn Out! 끝자락에 몰렸다

백성들이 자녀들 때문에 마음이 슬퍼서 다윗을 돌로 치자 하니(삼상 30:6).

로켓은 우주로 쏘아올려질 때 엄청난 연료를 분사하여 쏟아낸다. 그리고 어느 순간 정점에 이르렀을 때 완전히 연소되어 더 이상의 열과 에너지는 분사되지 않는 상태에 이르게 된다. 이때를 '연료가 완전히 소진되어서 더 이상 탈 것이 남아 있지 않다.' 하여 '번 아웃(Burn Out)' 이라 한다. 이 표현은 물리학적으로 로켓이 완전히 연료를 소진했을 때에 쓰이지만 동시에 인간이 정신적, 육체적으로 소진된 탈진을 설명할 때도 쓰인다. 몸의 모든 에너지가 빠져나가 더 이상의 기운이 남아 있지 않은 것이다. 우리가 운동을 할 때도 너무 힘을 많이 쓰면 지치듯이 정신과 영도 완전히 탈진에 이를 수 있다. 어떤 하나에 지나치게 신경을 쓴다거나 어떤 일을 아주 열심히 했는데 결과가 예상과 달리 나쁘게 나왔을 때 이를 경험하곤 한다. 이런 '번 아웃'은 일반적 스트레스보다 훨씬 강도가 강하다. 기력이 다 쇠하였기 때문이다. 자살을 생각하거나 시도하는 사람의 상당수가 이런 '번 아웃'을 경험한다고 한다. 궁지에 몰릴 때까지 몰린 것이다. 다윗도 이런 '번 아웃'을 여러 번 경험했다.

한번은 다윗이 사울의 거듭되는 살해의 위협 때문에 절친 요나단에게 자신의 힘든 속내를 이렇게 털어 놓았다.

> 나와 죽음의 사이는 한 걸음뿐이니라(삼상 20:3).

얼마나 위협이 많고 힘들었으면 이런 말을 했을까. 지금으로 말하면 "죽고 싶다"는 말로 들린다. 번 아웃(Burn Out), 탈진한 것이다. 직책에서는 상급자이고 가정에서는 장인인 사울이 자신을 죽이지 못해 안달 나 눈앞에서 창이 왔다 갔다 하는데 그 괴로움이 오죽 했겠는가? 피신하는 것도 하루이틀이지 매 순간을 이런 긴장 가운데서 산다는 것은 지옥이나 다름없다. 이스라엘에서 가장 좋은 집인 왕궁에 살아도 그 호사를 누릴 수 있을 리 만무하다. 실로 그의 인생은 피곤하기 그지없었다. 골리앗을 물리친 이후로 이스라엘의 고위직에 올랐기에 성공처럼 보였을지 몰라도 다윗을 힘들게 괴롭히는 일들은 끊이지 않았다. 사울을 피해 도피하며 10여 년을 떠도는 생활에 지칠 대로 지쳐 갔다.

> 백성들이 자녀들 때문에 마음이 슬퍼서 다윗을 돌로 치자 하니.

10. Burn Out! 끝자락에 몰렸다

위의 구절은 그런 사울을 피하여 떠돌이 생활을 하다가 또다시 곤경에 처하게 된 다윗을 보여준다. 이제는 같이 아둘람 굴에서 어려운 시절 동고동락했던 동료들에게 돌로 맞아 죽을 위협을 당하고 있다. 무슨 일이 있었던 걸까?

생계형 지도자가 된 다윗

사울의 광기를 피하고자 가드의 아기스 왕에게 도망을 갔던 다윗을 기억할 것이다. 살기 위해 갔던 그 곳에서 모진 수모를 겪고, 정신이상자 흉내를 내면서까지 탈출했을 때만 해도 다윗은 그 땅을 보기도 싫었다. 허나 그 수치를 안겨주었던 곳에 그는 또다시 들어갔다. 사무엘상 21장에서 처음 가드로 갔었다면 사무엘상 27장은 시간이 흐른 후, 두 번째로 들어갔던 기록이다. 바보다. 보통 사람 같으면 다시는 되돌아보고 싶지 않을 것 같은데 무슨 큰 추억이나 있다고 이 미련한 짓을 또다시 하고 있느냐 말이다.

다윗의 이 행동이 선뜻 납득되지 않는다. 뭔가 다른 이유가 있지 않았을까? 다음의 구절들을 보면 그 이유가 드러난다.

> 다윗이 그 마음에 생각하기를 내가 후일에는 사울의 손에 붙잡히리니 블레셋 사람들의 땅으로 피하여 들어가는 것이 좋으리로다 사울이 이스라엘 온 영토 내에서 다시 나를 찾다가 단념하리니 내가 그의 손에서 벗어나리라 하고 다윗이 일어나 함께 있는 사람 육백 명과 더불어 가드 왕 마옥의 아들 아기스에게로 건너가니라(삼상 27:1, 2).

다윗이 가드로 들어가기 전에 고민했던 부분이다. 다윗은 다분히 현실적인 이였다. 계산기를 두들기듯 현실을 산술하였다. 그가 처한 상황으로 볼 때 그것이 가장 합리적 선택이었다. 다윗 또한 그곳으로 도피하는 것이 즐겁고 유쾌하지는 않을 터, 현실을 고려하다 보니 그것이 제일 낫게 여겨졌다. 두 번이나 살려 주었음에도 포기하지 않고 자신을 쫓는 사울을 무슨 수로 또다시 감당할 수 있을지 그도 미칠 지경이었다. 가능한 사울의 손길이 미치지 않는 곳이어야 했다. 게다가 그를 따르는 장졸만 600명, 그에 딸린 식솔까지 합하면 족히 2천 명이 넘는데 그들을 무슨 수로 먹이고 재울 수 있겠는가! 지도자로서도 고민이 되었다. 이왕이면 이런 요구 조건이 잘 들어맞는 강력한 군사력을 지닌 블레셋 지역 쪽이 더 나았던 것이다.

최악의 선택인 줄 알지만 그것이 현 상황에서는 최선의 선택이었다. 2천여 명의 군사와 식솔들을 이끌고 이전보다 한층 격상된 이미지로 투항하는 다윗은, 이스라엘과 라이벌이던 가드로서는 매력적인 거래였다. 다윗은 전에 혈혈단신으로 투항했을 때보다 높아진 위상을 염두에 두고 아기스 왕과 거래한 것이다. 계약 기간은 1년 4개월이었다.

이런 다윗을 보면 굉장히 이해타산적 면모가 드러난다. 다윗은 상당히 영특한 사람이었다. 그 영리함 때문에 오히려 함정에 빠질 때도 적지 않았지만 말이다. 좌우간 다윗은 1년 4개월 동안 노심초사하며 가드 왕의 비위를 건드리지 않기 위해 얼마나 공을 들였는지 모른다. 다른 블레셋 지휘관들이 부정적으로 다윗을 모함해도 가드 왕 아기스의 신뢰를 끝까지 잃지 않은 것을 보면, 다윗이 그의 신임을 얻기 위해 얼마나 눈물겨운 노력을 했는지 가늠케 한다. 하나님만 높이며 그분만을 의지할 것 같던 그가, 이제는 가드 왕의 눈치나 살살 보며 재계약을 염두에 둔 생계형 지도자의 모습으로 전락했다.

29장에 보면 '정말 뭐 이런 사람이 다 있나!' 할 정도로 다윗의 소위 '깨는 모습'이 적나라하게 드러난다. 다윗이 가드에 머무는 동안 블레셋과 이스라엘 사이에 전쟁이 일어났다. 다윗은 이스라엘 출신이지만 이제는 가드 소속이었기에 조국을 상대로 칼을 겨누어야만 했다. 다윗은 고민이 되었다. 아무리 그래도 조국에 칼을 겨누는 것은 매국노의 짓 아니던가? 속사정을 알 리 없는 아기스 왕은 다윗을 신뢰했기에 같이 전장에 나갈 것을 요청했다. 다윗의 머리가 더 복잡해지는 순간이었다.

그러나 천만다행하게도 블레셋 지휘관들의 반대로, 다윗은 전투 참여에 제외되었다. 중요한 전쟁에 적국 이스라엘 출신의 장수를 내세울 수 없다는 것이 그들의 주장이었다. 혹 딴 생각을 해 배반하기라도 하면 국운이 위태할 수도 있다고 본 것이다. 다윗을 내보내면 전쟁을 망친다는 의견이 형성되었다.

다윗은 속으로 너무 다행이라고 생각했다. 하마터면 조국과 싸울 뻔 했는데 싸우지 않게 되었으니까 말이다. 그러나 다윗은 가드 왕 아기스에게 그 전투에 불참한 것에 대해 못내 아쉬워하는 연기를 한다.

> 내가 무엇을 하였기에 이런 대접을 받아야 합니까? 왕의 말씀대로 내가 왕을 섬기기 시작한 날부터 왕이 나의 흠을 찾지 못했다면 어째서 내가 왕과 함께 가서 왕의 원수들과 싸울 수 없습니까?(삼상 29:8/현대인의성경)

다윗의 가식이 느껴진다. 속으로는 '참 다행이다'를 외쳤음에도 겉으로는 안 그런 척 연기를 한다. 전에는 거품을 물며 미친 연기를 하더니만 이제는 또 아쉬워하는 연기를 하고 있다. 참으로 그는 인간이었다. 그는 위대하지 않다. 사울 앞에서는 신앙의 모범이 되는 모습을 보여주기도 하지만, 여기서는 언제 그랬냐는 듯이 치졸한 인간 군상의 행태를 보여준다.

우리도 그렇지 않은가? 신앙생활을 건강하게 하고 본을 보이는 모습을 보일 때가 있다. 마치 백조처럼 우아하게 고상한 신앙을 보여준다. 하지만 어떤 때는 얼마나 추하게 생활하는지 모른다. 너무나 적나라한 모습에 나 자신도 놀랄 때가 있다. 우리가 인간이라서 그렇다. 죄인이라서 그렇다. 이런 다윗의 모습이 우리네 모습과 영락없이 비슷하다.

생각지도 못한 악몽

덕분에 다윗과 그 무리는 피 튀기는 전쟁을 뒤로하고 오붓한 휴가를 만끽할 수 있는 시간이 마련되었다. 집으로 귀가하는 그의 마음은 한결 가볍다. 한동안 못 본 처자식을 볼 수 있으니 말이다. 무엇보다 그의 마음을 더 들뜨게 하는 것은 그의 약삭빠른 연기가 또 통했다는 것이었다. 점점 임기응변이 능숙해지는 자신을 보며 어떻게 그런 상황에서도 그 같은 전략을 구사할 수 있는지 스스로 감탄해 마지않는다.

그렇지만 그 통쾌함은 이내 절망으로 바뀐다. 3일 만에 악몽이 되었다. 돌아온 마을은 잿더미만이 남아 있었다. 골목마다 무엇엔가 저항하다 벗겨진 옷가지들이 발자국에 밟힌 채로 널부러져 있다. 아이들의 장

난감들이 처참히 부숴져 있다. 혹 가족의 시체라도 찾아보려 했건만 남아 있지 않다. 가족과 부하들의 식솔들이 사라진 것이다. 모두가 포박당하여 끌려갔다.

처참한 공격의 흔적을 살펴보니 아말렉 소행이 틀림없었다. 전에 아멜렉과 한차례 전쟁을 치러 이긴 바 있었기에 그들의 흔적임을 알아차리는 것은 어렵지 않았다.

다윗과 그의 부하들은 잿더미로 변한 그들의 성을 보고 그들의 가족들에게 일어난 일을 생각하며 울 기력이 없을 때까지 큰 소리로 울었다(삼상 30:3, 4/현대인의성경).

잿더미가 된 집을 보고 다윗을 비롯한 무리들의 울음은 그치지 않았다. 부모와 처자식을 위해 마련한 선물 꾸러미를 풀지도 못하고 미친 듯이 울었다. 얼마나 울었는지 울 기운조차 상실했을 정도였다.

그렇게 한참을 울던 무리들은 이제 눈물을 멈추고 정신을 차린다. 이어 주변을 다시 살피며 수군대기 시작한다. 도대체 왜 이 지경까지 오게 되었는지 말이다. 이윽고 모두의 시선이 다윗을 향했다. 이 모든 재난의 원인 제공자로 그들의 지도자 다윗을 지목한 것이다. 평소 다윗의 지도력과 이중적 태도에 불만을 품었던 것인지, 그들도 이젠 뼛속까지 지쳐서 지도자가 원망스러워 그랬는지 모든 책임이 다윗에게 돌려졌다. 그들 손에 주먹만 한 돌이 들려진 채로 말이다. 다윗의 머릿속이 백지장처럼 하얘졌다.

"이젠 어쩌지, 어떻게 해야 하지?"

그 좋던 머리에서 이젠 어떤 아이디어도 떠오르지 않는다. 다윗도 미칠 것 같았다. 아기스 앞에서 하던 연기력도 바닥났고 더 이상 잔머리도 통하지 않는다. 이미 이들은 다윗의 수를 훤히 알고 있기에……. 정말 이제야말로 그가 탈진한 것이다. 번 아웃(Burn Out)! 같이 울고 웃으며 동병상련하던 동료들의 돌 세례만 기다릴 뿐이었다.

더 이상 일어설 수 없는 이런 탈진이다. 정신적으로, 영적으로, 육적으로 도무지 아무것도 보이지 않고 희망도 없는 탈진이다. 이런 탈진을 경험해 봤는가? 어땠는가? 어떻게 반응했는가? '이젠 끝났다.' 는 생각이 내 영혼을 가득 채울 때 다음에 취한 행동이 무엇이었는가?

우리도 이런 극한의 탈진에 몰린 경험이 있다. 나름 모든 준비를 구비하고 할 수 있는 모든 역량을 쏟아서 잘 되는가 싶더니만 능력 밖의 일이 터졌을 때 말이다. 이때 몰려오는 무기력, 의욕상실, 동기의 소멸, 그 다음 극단적 생각들……. 어떻게든 살아보려 인간적인 발버둥을 쳤는데 오히려 후미진 코너에 몰리게 되었을 때……. 점점 어려워지는 회사 경영, 이혼하자는 아내, 빗나가는 자식들, 오해가 증폭되어 긷잡을 수 없이 꼬여버린 인간관계 등등…….

머리가 돌아버릴 지경일 것이다. 스스로 힘을 내어 무언가 시작했지만 그 시작이 오히려 끝을 앞당겨 버렸다.

이제는 S.O.S.

다윗은 이제야 하나님 앞에 무릎을 꿇는다.

"하나님 도와주세요……."

사실 이 말 앞에 생략된 것이 있다.

"하나님 용서해주십시오! 제멋대로 하다 이렇게 되었습니다."

실로 1년 4개월만의 S.O.S. 요청이었다. 그동안 다윗에게 하나님의 존재는 그리 필요하지 않은 듯하였다. 스스로 결정하고 스스로 행동하고 스스로 결과를 맞았다. 허나 이제는 더 이상 그럴 수 없었다. 이어 제사장 아비아달에게 에봇을 달라고 요청한다. 에봇은 하나님의 의중을 헤아릴 때 사용하던 고유 의복이다. 다윗은 에봇을 사용하여 소원해졌던 하나님을 다시 찾는다. 아쉬울 때만 찾는 뻔뻔함이 묻어나는 듯하지만 하나님께서는 그런 뻔뻔함을 모른 척하시고 그에게 답하신다.

> 다윗이 여호와께 묻자와 이르되 내가 이 군대를 추격하면 따라잡겠나이까 하니 여호와께서 그에게 대답하시되 그를 쫓아가라 네가 반드시 따라잡고 도로 찾으리라 (삼상 30:8).

하나님은 반기셨다. 소년 시절, 들에서 사자나 곰을 만났을 때처럼 하나님을 찾는 다윗을……. 그리고 그의 미숙함이 낳은 결과의 책임을 먼저 묻기보다 죽을 사람부터 살리고 보셨다. 이어 그가 지금 취해야 할 행동을 말씀해주시면서 위기를 극복하게 하셨다.

환난 날에 나를 부르라 내가 너를 건지리니 네가 나를 영화롭게 하리로다 (시 50:15).

매서운 인생에서 다윗처럼 아등바등하며 어떻게든 살고자 하다 보면, 내가 할 수 있는 모든 역량을 쏟아붓다 죽음의 끝자락에 서 있던 경험에 내몰릴 수 있다. 어렸을 때 매듭을 갖고 놀다가 그 매듭이 꼬인 적이 있었다. 풀려 하면 할수록 오히려 매듭은 더 꼬여만 갔다. 결국 어머니의 도움을 얻어 그 매듭을 풀 수 있었다. 자기 코가 석자인 다윗이 적나라한 인간적인 방법으로 발버둥치다가 더 큰 궁지에 몰렸다. 허나 그 끝에서 그가 그분의 이름을 불렀을 때 하나님은 꼬인 매듭을 푸는 방법을 친히 가르쳐 주셨다.

다윗의 끝, 하나님의 시작

다윗의 머릿속에서 나오는 모든 전술과 전략은 다 동났다. 그전까지 그것으로 생명을 연장했지만 이제는 통하지 않음을 알게 되었다. 그의 부하들이 돌을 들어 던지려고 수군거렸을 때 다윗은 '크게 다급하였다'고 한다(삼상 30:6). 다윗이 할 수 있는 것이 더 이상 없었다. 이젠 정말 끝이었다. 더 이상 자신이 주인 노릇을 할 수 없는 것이다. 그리고 그때 그가 하나님을 다시 부르기를 시작했을 때, 하나님이 이제는 그 시작이 되어 주셨다. 다윗의 끝은 곧 하나님의 시작이 된 것이다.

나의 끝은 끝처럼 보일 뿐 끝이 아니다. 그 끝에서 다시 하나님의 이름을 불러보라! 그분이 다시 시작점이 되어 주신다. 내 인생의 꼬인 매듭을 더 꼬이게 하지 말고 내려놓고 그분께 지혜를 구하라! 이전에 하나님께 못되게 굴었어도, 뻔뻔스럽게 아쉬울 때만 찾는다고 할지라도 우리 하나님은 먼저 죽을 사람부터 다시 살리시는 분이시다. 버르장머리 없었던 다윗도 다시 살리시지 않는가! 성경이 사실이라는 것을 믿는다면, 그 성경이 오늘 나에게도 역사하심을 믿는다면 동일하신 그 하나님이 내 삶도 만져주심을 믿어야 한다. 하나님! 이제 어떻게 해야 합니까? 영적 에봇을 들고 물으라.

하나님께서는 다윗이 그런 어려움에 처할 때까지 우선 내버려 두셨다. 다만 그를 향한 원대한 계획이 있으셨기에 다시 하나님을 찾을 때까지 기다리셨다. 즉 다윗이 자기 머리를 믿고 자신을 의지하는 그 습성, 인간 행적의 그 끝을 한번 가보도록 허용하신 것이다. 그가 제 발로 다시 하나님을 찾기를 기다리셨다. 그가 제 발로 하나님의 시작에 동참토록 하셨던 것이다.

우리가 우리 고집대로 해보려 할 때 하나님께서는 그렇게 하도록 내버려 두시기도 한다.

"그래, 그렇게 하고 싶으면 네 마음대로 해봐."

그러다가 그 끝에 가서야 '내 힘으로 안 되는 구나!' 하며 스스로의 한계를 발견할 때가 온다. 그때 하나님께서는 우리 곁에 계셔서 다시 당신을 찾도록 하신다. 외면하지 않으시고, 우리가 다시 시작할 수 있도록……. 실로 미련하게도 인간은 자기 고집과 아집이 빠져야 하나님의 손을 붙잡는다.

다윗이 에봇을 집어들었듯이 우리가 집어들어야 할 것도 에봇이다.

우리의 에봇은 무엇이어야겠는가? 하나님과의 영적 소통이다. 영적 교제를 통해서 답을 얻고자 할 때 거기서 응답하신다. 왜 그분께 나아가는 것이 소극적인가? 아직도 내 머리로, 내 계획대로 인생의 문제를 해결할 수 있다고 생각하기에 그런 것 아닌가?

그렇지 않다면 하나님을 찾을 수밖에 없다. 에봇을 들 수밖에 없다. 내가 하나님을 믿는다고 하면서도 그분께 다가가지 않는 것은 아직도 내 힘이 꽉 차 있기 때문이다. 다윗은 자신의 끝에서 이전처럼 갑옷을 찾지 않았다. 갑옷을 입고 "우리 복수하러 가자!"가 아니었다. 먼저 하나님께 바짝 엎드리고 에봇을 찾았다.

때론 실수와 경솔함으로 벼랑 끝에 몰릴지라도, 내 자아를 의지하다가 오랫동안 그분과 소원해졌더라도 "하나님 도와주세요! 잘못했습니다." 했을 때 다시 손잡아주시는 하나님의 긍휼을 본다. 다윗이 완전한 궁지에 몰려 죽고 싶은 심정이었던 그 끝에, 하나님의 시작이 일어났듯이 나의 끝에 그분의 시작이 열릴 것이다. 죽음과 나 사이가 한 걸음뿐일지라도……

11.
안티들의 미움과 증오를 받아냈다

내 원수를 보소서 그들의 수가 많고 나를 심히 미워하나이다 내 영혼을 지켜 나를 구원하소서 내가 주께 피하오니 수치를 당하지 않게 하소서 (다윗의 시 25:19, 20).

살리에리와 사울

영화 "아마데우스"는 모차르트와 궁중음악가 살리에리라는 두 인물을 통해 서슬 퍼런 증오의 면면을 그대로 보여준다.

궁 안팎에서 궁중음악가로서 인정받던 살리에리는 어느 날 갑자기 혜성처럼 등장한 모차르트의 음악적 재능 앞에 자신의 음악을 볼품없게 느낀다. 급기야 그의 재능을 흠모하다 못해 질투하게 된다. 자신이 끊임없는 노력을 통해서 이룬 작품들을 모차르트는 단번에 더 나은 작품으로 만들어 사람들의 인기를 독차지하니 참을 수 없었던 것이다. 살리에리의 증오 섞인 질투는 모차르트에게만 천재적 감성을 주신 하나님을 원망할 정도였다. 살리에리의 부러움은 시기로, 시기는 증오로, 그 증오는 신에 대한 불평과 원망까지 초래했다.

"왜 제게 음악을 하고 싶은 욕망은 주셨으면서, 모차르트와 같은 재능은 주지 않으셨습니까?"

비뚤어진 그의 시기심은 급기야 모차르트를 죽게 만드는 원흉이 된다. 아버지의 죽음으로 실의에 빠져 있던 모차르트를 환영에 시달리도록 교묘하게 조장하고, 이후 경제적으로 궁핍해진 환경을 구실 삼아 짧은 시간 안에 '진혼곡'을 쓰게 하여 과로사시킨 것이다. 시간이 지나 노인이 된 살리에리는 그에 대한 자책과 괴로움으로 비참한 최후를 맞이하게 된다는 것이 영화의 주 내용이다. 픽션이지만 모차르트를 향해 고조되는 살리에리의 증오심에 따라, 그 자신의 인격과 영혼도 동시에 파괴되어가는 모습을 섬뜩하게 담아냈다.

상영한 지 한참이나 지난 이 영화를 다시 봤을 때 살리에리가 꼭 사울 같았다. 이스라엘의 초대 왕이라는 상징성과 종교적, 정치적 지위를 누렸던 사울 왕 앞에 혜성처럼 떠오른 젊고 용맹한 다윗의 존재……. 사울은 천 명을 죽였지만 다윗은 만 명을 죽였다는 동네 여인네들의 비꼬는 노랫소리에 뒤틀리는 그의 심사…….

다윗을 향한 사울의 행적들은 영화 속 살리에리와 상당히 유사하다. 실제 다윗을 향한 사울의 증오는 영화 속의 '살리에리' 그 이상이었다. 마치 다윗을 죽여야 하는 사명이라도 갖고 태어난 자 같았다. 다윗을 잡기 위해 국력을 동원하고 모든 에너지를 거기에 쏟아부었다. 민생은 뒷전이고 불필요한 감정에 휩싸인 미친 왕을 보게 된다.

이성과 영성이 마비된 사울은 그의 마지막 전투인 길보아에서 블레셋의 수세에 밀리자 그 압박감으로 자살을 한다. 보통 히브리인이 생각할 수도 없는 짓을 '기름 부음'까지 받은 자가 저지른 것이다. (히브리인들은 생명의 주권은 하나님께 있다고 생각했기에 자살은 절대 흔한 풍토가 아니었다.) 사울의 죽음은 미움과 증오의 벽 앞에서 한 개인이 맞이하는 비참한 종국을 생생하게 보여준다.

살리에리와 사울의 예에서 보듯이 미움과 증오의 최대 피해자가 누굴까? 그 증오의 대상이 아니다. 바로 자기 자신이다. 미워하면 할수록 점점 인격과 영혼이 망가진다. 신경을 쇠약하게 하고 인생을 낭비시킨다. 증오는 자해와 별 다를 바 없음을 깨닫게 된다. 작은 미움에서 시작된 증오로부터 자신을 다스리지 못하면, 우리는 한 번 사는 인생을 영광이 아닌 증오의 노예로 평생 갇혀 살게 됨을 목격한다.

다윗의 대원칙

사실 건강한 영성을 지향하는 그리스도인이라면 미움이 신앙과 삶에 도움이 되지 않는다는 것을 잘 알고 있다. 예수님께서 "네 이웃을 네 몸처럼 사랑하라"고 말씀하셨으니 말이다. 그럼에도 그것이 그토록 어려운 이유는 어디에 있을까?

왜 우리는 예수님의 사랑을 전하기에도 모자란 시간을 누군가에 대한 미움과 증오로 곱씹고 곱씹으며 잠 못 이루는 밤을 보낼까? 말씀이 증명하는 다윗의 모습에 기대어 그 극복 방법을 찾아보자.

사실 미움과 증오에 사로잡혀도 될 만한 인생은 다윗이다. 그의 상처

많은 어린 시절만 보아도 부모 형제를 원망하며 살 수 있었다. 또 사울의 증오 앞에서 더 큰 증오로 맞설 수도 있었다. 그뿐인가? 시편을 보라. 사울의 증오에서 벗어난 이후에도 얼마나 많은 적이 그의 주변에 득실거렸는지 모른다. 그는 사랑을 받았지만 동시에 많은 이로부터 미움을 받는 인생이기도 했다. 그러나 증오에 빠진 인생은 아니었다. 자신을 방어하기 위해 증오로 맞설 수도 있었지만 그러지 않았다.

어떻게 사울과 여러 안티의 미움을 받았으면서도 같은 미움의 복수로 답하지 않을 수 있었을까? 타고난 성자의 성품이라서? 아쉽지만 다윗은 그런 인물이 아님을 이미 살펴보았다. 타고난 성자는 없다. 성자의 성품은 만들어지는 것이지 타고나는 것이 아니기 때문이다.

먼저 그는 하나님께 맡겼다. '하나님께 맡기다'라는 말이 멀고 추상적으로 들릴지 모르지만 정말 다윗은 사울에 대한 처리를 하나님께 전적으로 위탁했다. 앞 장에서도 언급했듯이 사울을 죽일 수 있었던 절호의 기회를 다윗은 과감히 포기했다.

다윗이라고 왜 사울을 향한 적개심이 없었겠는가? 쫓기다 지쳐 동굴에서 자다가도 벌떡 일어났을지 모른다. 왜 이런 수모와 고생을 겪어야 하는지, 저런 정신병자에게 언제까지 이렇게 쫓겨 다니며 살아야 하는지 그 분노를 잠재우느라 고통스러웠을 것이다.

하지만 하나님이 기름을 부어 세운 자는 사람의 손으로 해할 수 없다는 대원칙(삼상 24:6) 앞에 사적 감정을 내려놓았다. 사울을 향한 분노까지도 하나님께 맡겼다. 분노가 자기 내면에 쌓이는 것을 포기한 것이다.

시므이의 폭언

훗날 아들 압살롬에게 쫓길 때도 다윗의 이런 면을 보게 된다. 아들 압살롬의 반역으로 다윗이 쫓겨 다닐 때도. 어디선가 '시므이'라는 자가 나타나서 피신하는 다윗을 향해 저주와 욕설을 내뱉었다(삼하 16:5-9). 자식에게 쫓기며 절망감에 사로잡혀 있던 다윗에게 불난 집에 부채질 하듯 공개적으로 폭언을 한 것이다.

시므이의 폭언은 신분의 도를 넘는 행위였다. 아무리 망명 중이지만 그래도 다윗은 한 시대를 풍미했던 왕이다. 모두의 시선이 쏠려있는 현장에서 그런 욕설을 듣는다는 것은 보통 수치스러운 일이 아니었다. 당장 칼을 들어 그 입을 막아야 하는 상황이었다. 옆에 있던 아비새는 예전 사울을 없앨 기회를 만났을 때처럼 분에 찼다. '죽은 개만도 못한 놈'에게 자신의 주군이 그런 소리를 들을 수 있겠냐며 머리를 베게 해 달라고 간청하였다. 허나 당사자 다윗은 요동이 없다. 감정이 흔들리지 않는다.

어떻게 이런 평정심을 유지할 수 있을까? 어차피 꼬인 인생이라는 생각이 들고, 나이 먹어 자식에게 도망다니는 자신이 한심스러워 그냥 체념한 것이었을까?

왕이 이르되 스루야의 아들들아 내가 너희와 무슨 상관이 있느냐 그가 저주하는 것은 여호와께서 그에게 다윗을 저주하라 하심이니 네가 어찌 그리하였느냐 할 자가 누구겠느냐 하고 또 다윗이 아비새와 모든 신하들에게 이르되 내 몸에서 난 아들도 내 생명을 해하려 하거든 하물며 이 베냐민 사람이랴 여호와께서 그에게 명령하신 것이니 그가 저주하게 버려두라 혹시 여호와께서 나의 원통함을 감찰하시리니 오늘 그 저주 때문에 여호와께서 선으로 내게 갚아 주시리라(삼하 16:10-12).

시므이는 사울의 친족이었다. 베냐민 지파 족속이 아닌 유다 지파의 다윗이 왕의 자리에 앉아 있는 것이 두고두고 불편한 일이었을 것이다. 왕이 유다 출신이기에 베냐민 출신인 사울 때만큼 자신들에게 돌아오는 이득이 못하다고 생각할 수 있다. 이 같은 시므이의 개인적 이해관계와 사견은, 마치 사울 왕가를 무너뜨린 원흉이 다윗이라고 몰아붙이는 데까지 갔다. 다윗으로서는 분통이 터질 정도로 억울한 말이다.

허나 다윗은 단 한마디 변명도 하지 않는다. 아비새에게 "그냥 놔두어라!"고 했을 뿐이다. 시므이가 저렇게까지 하는 것을 보면 그만 한 하나님의 뜻이 있지 않겠느냐 한다. 자신의 몸에서 난 자식도 나를 죽이려 하는데, 하물며 남이 나에 대해서 저런 저주를 하는 것은 그만 한 이유가 있지 않겠냐는 것이 다윗의 대답이었다.

탁월한 성경연구가 아더 핑크는 다윗의 이 넉넉한 행동 이면을 이렇게 해석하였다. 다윗이 이를 자신이 벌였던 충신 우리아 사건에 대한 징벌로 받아들였다고 보았다. 시므이의 언행은 다윗에게 누명을 씌운 것이 명백했지만 그는 억울해하기보다 과거 우리아 사건에 대한 하나님의 징계의 음성으로 들었다는 것이다.

하나님이 시므이를 통해서, 마치 사람의 회초리를 들어(삼하 7:14) 자신을 교훈하심으로 받아들인 것이다. 시므이의 욕설은 사울 집안을 망하게 한 원흉이 다윗이라는 허무맹랑한 루머였지만, 과거 남의 여자인 밧세바를 취하기 위해 그녀의 남편이자 애국 충신이었던 우리아의 집안을 몰락시킨 그 원흉이 자신이었음을 돌아보았다.

다른 이도 아닌 아들에게 쫓겨나 망명길에 오르면서도 다윗은 자신의 행적을 반추했다. 왜 이런 일이 일어났는지, 그 원인이 어디에 있는지……. 그 와중에 시므이의 말은 그의 심부를 멎게 했다. 시므이 입에서는 사울이 울려퍼졌지만, 다윗의 내면에서는 우리아 사건뿐만 아니라 하나님 앞에서 저질렀던 수많은 자신의 과오들이 떠올랐다.

> 그가 저주하는 것은 여호와께서 그에게 다윗을 저주하라 하심이니.

만일 다윗이 하나님이라는 주체를 통과하지 않고 시므이를 봤더라면, 아비새가 말하기도 전에 즉시 칼솜씨를 보여주었을 것이다. 그러나 하나님의 프리즘을 통해 사건과 정황을 보니 자신이 먼저 성찰되었다.

> 혹시 여호와께서 나의 원통함을 감찰하시리니 오늘 그 저주 때문에 여호와께서 선으로 내게 갚아 주시리라.

혹 그의 말이 억울한 말이면 그전에도 그랬듯이 하나님께서 원통함을 풀어주실 것이며, 오히려 하나님이 선으로 갚아 주실 것이므로 그냥 놔두라고 명하였다.

용서의 사도

미움은 내면의 혈기에서 출발한다. 하나님이라는 프리즘을 통과하지 못하면 그것은 미움과 증오로 폭발한다. 아비새는 사울과 시므이에게 똑같이 감정적으로 반응했다. 다윗과 아비새의 차이가 여기에 있다. 하나님의 있고 없음이다. 하나님의 프리즘을 통하지 않고 사람을 바라보면 세상은 다 밉상이다. 사회, 사람, 심지어 가족과 교회까지도 말이다. 네 이웃을 사랑하라! 이것이 어떻게 가능할까? 사랑할 수 없는 사람을 어떻게 사랑할 수 있는가?

성경을 자세히 보라! 먼저는 하나님을 사랑하라고 하였다. 그다음이 이웃 사랑이다. 하나님의 사랑을 우리가 먼저 통과하기에 이웃을 사랑하는 데까지 진심으로 나아가는 것이다. 사랑할 수 없는 자처럼 보여도 하나님의 프리즘으로 바라보면 그들을 용서하고 품을 수 있다.

맥스 루케이도 목사는 "용서는 정의를 회피하는 것을 말하지 않는다. 용서는 정의를 하나님께 맡기는 것이다. 원수를 교정시키는 것이 당신의 일이 아니다. 원수를 용서하는 것이 당신의 일이다."고 하였다. 우리는 자주 정의의 사도가 되려 한다. 자신도 그 정의로부터 자유롭지 않으면서 편협한 정의관으로 무장하여 정의의 칼을 막 휘두른다. 상대방도 이에 맞선다. 서로의 정의끼리 소리를 내며 부딪치는 것이다.

주님은 우리 보고 정의의 사도가 되라 하지 않으셨다. 용서의 사도가 되라 하셨다. 예수님께서 로마 병사에게 잡히시던 그 밤에 베드로는 칼을 휘둘렀지만 예수님은 거두라고 명하셨다. 정의를 가장한 증오와 미움의 칼은 문제를 해결하지 못하기 때문이다.

증오는 나를 더욱더 괴롭게 할 뿐이지만 증오를 위탁하게 되면 그것은 나를 더 큰 발전과 성장의 기회로 이끈다. 다윗이 진정 다윗이 될 수 있었던 것은 사울로부터 도피한 이후부터였음을 주의 깊게 보라.

왕궁이 아닌 아둘람굴에서였다. 내면의 성장과 폭넓은 식견, 사람을 대하는 리더십, 기념비적 시편들 등이 이 시기에 형성되었다. 밑바닥부터 겪어온 시련의 과정으로 그는 더 단련되고 강성해졌다. 미움을 미움으로 대응하지 않는 법을 이 시기에 배웠다. 증오를 하나님께 위탁하면 마음이 자유로워지고 미래를 향해 전진할 수 있음도 이 시기에 배웠다. 이때 형성된 믿음의 기초는 훗날 그가 왕의 자리에 올라서 또 다른 사울들의 수많은 위협 속에서도 중심을 잃지 않게 하였다. 끝까지 본연의 자리를 성공적으로 수행해나갈 수 있는 내공이 쌓여진 것이다.

타인의 질책과 비난, 힐난에 너무 귀를 기울이지는 말자. 나의 실수이고 잘못이라면 용서를 구할 일이고 혹 억울한 일이라면 하나님께서 갚아 주시리라. 그렇기에 누군가를 증오할 이유도 우리에겐 없다. 하나님께서는 나를 다윗의 삶을 살도록 계획하셨지, 사울의 삶을 살도록 계획하시지는 않았기 때문이다.

내 사랑하는 자들아 너희가 친히 원수를 갚지 말고 하나님의 진노하심에 맡기라 기록되었으되 원수 갚는 것이 내게 있으니 내가 갚으리라고 주께서 말씀하시니라(롬 12:19).

12.
혈기가 끓어올랐다

갈렙 집안 가운데 나발이라는 사람이 있었는데 그는 마온에 살면서 갈멜 근처에 목장을 가지고 있었다. 그는 대단히 부유한 사람으로 양 3,000마리와 염소 1,000마리를 소유하고 있었다. 그의 부인 아비가일은 아름답고 지성적인 사람이었으나 그는 거칠고 야비하며 고집이 세고 성격이 좋지 않은 사람이었다. 이 무렵 나발은 갈멜에서 양털을 깎고 있었다(삼상 25:3/현대인의성경).

다윗은 미움, 증오를 모두 하나님께 맡겨버림으로 곧은 신앙의 절정을 보여 주었다. 하지만 이 장에서 살펴보게 될 그는 우리의 고개를 갸웃거리게 만든다. 다윗답지 않은, 납득할 수 없는 모습을 보여준다.

참을 수 없는 존재, 나발

사울에 쫓겨 불안정한 떠돌이 생활을 하던 그에게 생필품과 식량은 절대적이었다. 지역을 옮겨 다니는 이동 생활을 하다 보면 이런 부분들이 턱없이 부족하기 마련이다. 어느 날은 동굴에서, 어느 날은 차가운 냉기가 올라오는 돌마루에서, 그렇게 여기저기 기거하다 이번에는 바란 광야에 머물게 되었다.

그런데 이 바란에서 조금 떨어진 마온에 '나발'이라는 한 부자가 살고 있었다. 공식적으로 양이 삼천 마리, 염소 천 마리, 이 외에 알려지지 않은 재산까지 합하면 둘째 가라면 서러울 정도의 상당한 재력가였다.

어느 날, 마침 다윗은 부자 나발이 양털을 깎는다는 소식을 듣게 되었다. 당시에는 양이 병치레를 안 하고 잘 자라면 그 수북한 털을 깎으며, 잔치를 열어 손님들을 초대해 대접하곤 하였다. 농민들이 한 해의 소출에 대한 수고함에 축하 잔치를 하듯 유목민들도 양털을 거두어들이며 잔치를 열었던 것이다. 이 소식을 접한 다윗은 자신의 무리 중 열 명을 나발에게 보내어 예의를 갖추어 자신의 필요한 부분을 요청하였다.

다윗의 이런 요구가 낯선 이의 몰염치 같아 보이기도 한다. 그러나 이는 정당했다. 당시는 블레셋과 이스라엘 사이의 전쟁이 되풀이되던 상황이었다. 전쟁 가운데 민간인들의 사유재산은 제대로 보장받기 힘들었다. 도적이 약탈하거나 전쟁의 피해로 사유재산을 잃어도 어쩔 수 없는 일이었다.

게다가 나발이 주로 목축업을 하던 갈멜 주변에는 도적질을 일삼던 베두인이나 그 외 약탈자들의 출몰이 잦았다. 이런 상황 속에서 다윗은 비록 도망자 신분이었지만, 자국의 백성들을 약탈하는 도적들로부터 암암리에 방패 역할을 해주기도 하였다.

특별히 이런 혜택은 나발 같은 큰 재산을 지닌 자들이 더 누렸는데, 나발의 종들은 이런 다윗과 그 무리들의 노고에 대해서 항시 고마운 마음을 지니고 있었다. 나발의 재산 형성에 적지 않은 역할을 다윗이 해준

셈이었다(삼상 25:15, 16). 더군다나 다윗은 그동안 어떤 대가도 요구하지 않고 순수하게 도왔다.

문제는 나발이 이런 다윗의 노고를 전혀 깨닫지 못한 점이다. 순전히 혼자만의 노력으로 부를 쌓았다고 생각하고, 그 부를 독식한 이기적인 자였다. 성경은 이런 그를 악하고 완고한 자라고 평하고 있을 정도이니, 다윗의 요구가 받아들여지는 것이 오히려 이상한 일인지도 모른다. 성품 자체가 이런 사람이다 보니 나오는 말 또한 상대방의 감정을 매우 상하게 만들었는데, 다음 구절은 다윗의 요구에 나발이 거절한 대목이다.

"이 다윗이란 사람은 도대체 누구요? 나는 그에 대해서 들어 본 적이 없소. 요즈음은 자기 주인에게서 도망나온 종들이 많이 있단 말이오."(삼상 25:10/ 현대인의성경)

간단히 말하면 "주인(사울 왕)에게 뛰쳐나온 도망자 노예 주제에 어디서 먹을 걸 구걸하냐?"며 면박을 준 것이다. 소득 없이 모욕감만 얻고 돌아온 열 명은 그 사실을 그대로 다윗에게 보고한다.

분노와 혈기가 터지다

놀라운 것은, 이에 대한 다윗의 반응이다.

다윗이 자기 사람들에게 이르되 너희는 각기 칼을 차라 하니 각기 칼을 차매 다윗도 자기 칼을 차고 사백 명 가량은 데리고 올라가고(삼상 25:13).

그 말을 들은 즉시 바로 칼을 차라고 했다. 그리고 다윗의 군대 600명 병력 중 삼 분의 이를 출정 준비시켰다. 나발에게 사유군인이 있다고 한들 민간인임을 고려할 때 그 수는 미비했다. 그럼에도 다윗은 무려 400명의 군사를 무장시킨 것이다. 불필요한 군사력을 이렇게까지 동원한 이유가 뭘까?

> 내가 그에게 속한 모든 남자 가운데 한 사람이라도 아침까지 남겨 두면 하나님은 다윗에게 벌을 내리시고 또 내리시기를 원하노라 하였더라(삼상 25:22).

나발과 그 무리에 속한 남자들 중 한 명이라도 살아서 남겨 두면 오히려 내가 하나님께 벌을 받아도 좋다며 분에 넘쳐 호언하였다. 그만큼 다윗의 화가 치달을 때까지 치달았음을 말하는 것 아니겠는가? 사울에게 쫓겨 다니며 갖은 수모를 다 겪는 와중에도 외부 도적떼로부터 재산을 보호해주었는데, 보답은 못해 줄지언정 모욕감만을 안겨준 나발에 분개하는 다윗의 모습은 당연해 보인다.

도망자의 피로도가 극에 달하는 시점에서 자기만 바라보는 부하들과 그 가족들을 부양해야 하는, 지도자의 부담감과 스트레스는 여간 견뎌내기 어려운 일이 아니었다. 정말 도움이 필요한 때였다. 나발은 수천 마리나 되는 규모의 목축을 운영하는 거부였다. 때마침 축제일이니 몇 끼니 정도는 도움을 받을 줄 알았다. 그럼에도 매몰차게 거부하는 나발은 그렇지 않아도 심난하고 스트레스에 시달리는 다윗의 감정에 기름을 붓는 격이었다. 우리가 다윗의 입장이었다고 해도 그랬을지 모른다.

그러나 치밀어 오르는 화를 절제하지 못하는 다윗의 모습을 당연하다고만 볼 수 없는 이유가 있는데, 그것은 그가 전에 사울 앞에서 보인 태도 때문이다.

바로 앞장인 사무엘상 24장과 비교하면 극명하게 드러난다. 그렇게 죽도록 쫓아오는 사울을 용서하고 살려주지 않았는가? 보통의 사람이 감당할 수 없을 정도의 폭넓은 성군의 모습을 보여주었다. 반면 나발 앞에서는 언제 그랬냐는 듯이 완전히 돌변하여 감정이 앞선 두 얼굴의 사나이를 본다.

사울을 살려두지 말자는 측근 아비새의 분노에 찬 권유에도 흔들리지 않았던 그가, 얼마 후에 아비새의 모습이 그대로 재현되어 씩씩거리며 어쩔 줄을 모르고 있다. 400명이나 이끌고 가서 자신의 분이 풀릴 때까지 완전히 짓밟아버리고자 한다. 이런 다윗의 끓는 분노와 행동에 아비새도 당황하지 않았을까 싶다.

'도대체 이 사람은 뭔가?' 얼마 전 사울을 죽이자는 자신의 권고를 무색하게 하더니만, 그에 비하면 크게 분을 낼 만한 일도 아니건만 완전히 격분하여 분노하고 있으니……. 사울 앞에서의 성인군자는 온데간데없고 극단적 다혈질로 돌변했다. 평소 잠자던 다윗의 욱하는 성미가 드러난 것이다. 평소 어떤 상황과 어떤 대상에게는 지혜롭게 분노를 잘 조절하지만, 유독 어떤 상황과 어떤 대상에 대해서는 그 분노가 조절되지 않아 일을 그르치게 되는 경우가 있다. 다윗도 그런 우를 범했다.

아비가일의 중재

하지만 다행히 다윗의 복수 행진은 멈추게 되었다. 나발의 아내 아비가일이 그 사이에서 중재했기 때문이다. 극단적 상황을 막기 위해 남편 나발 몰래 많은 양의 음식을 챙겨왔던 것이다. 다음 아비가일의 조언에 주목해보자.

"그러므로 여호와께서 당신에게 약속하신 모든 선한 일을 행하시고 당신이 이스라엘의 왕이 될 때 당신은 이유 없이 사람을 죽였다든지 복수했다는 일로 후회하거나 양심에 가책을 받는 일이 없을 것입니다."

아비가일의 설득은 다윗이 분을 삭이고 하나님을 상기하도록 마음을 일깨웠다. 마음을 돌린 다윗이 말했다.

"오늘 당신을 보내 나를 영접하도록 한 이스라엘의 하나님 여호와를 찬양합니다! 그리고 내가 사람을 직접 죽여 원수를 갚지 않도록 한 당신의 지혜를 고맙게 여기며 또 당신에게 하나님의 축복이 내리기를 바랍니다. 당신을 해치지 못하도록 한 이스라엘의 하나님 여호와의 이름으로 분명히 말하지만 만일 당신이 나를 맞으러 나오지 않았더라면 나발의 집안사람 중 내일 아침까지 살아남을 자는 한 사람도 없을 것입니다. 염려하지 말고 집으로 돌아가시오. 내가 당신의 요구를 들어주겠습니다"(삼상 25:30-35/현대인의성경).

처음엔 나발의 건방지고 무례한 언행에 분이 나서 하나님의 법이고 뭐고 보이지 않았다. 하지만 아비가일의 말에 정신을 차리고 보니 이제야 하나님이 보이고 분노에 찬 자신을 발견하였다. 사울을 죽일 수 있는 직전에 하나님의 프리즘이 상기되자 그 혈기가 해소되고 용서가 나왔듯이, 나발의 경우에서도 하나님이라는 프리즘으로 다시 그 상황을 파악하니 그제야 이런 생각이 들었다.

'아, 지금 내가 왜 이러지? 내가 이러면 안 되는데…….'

나발에 대한 감정이 완전히 사그라진 것은 아니다. 나발의 괘씸함에는 여전히 언짢았을 것이다. 하지만 다시 하나님의 프리즘을 통해서 보니, 이성을 상실한 자기 모습이 하나님 보시기에 죄임을 깨달았다. 하나님이 상기되니 사울 앞에서 보였던 그 영성이 다시 돌아온 것이다.

나의 심장은 무엇에 뛰고 있는가?

참으로 우리는 어제와 오늘이 다르고 내일이 다른 사람이다. 굳이 하루를 넘기지 않고 그날 아침의 나와 그날 저녁의 나만 봐도 얼마나 다른지 모른다. 순간에 따라 상황에 따라 두 얼굴이 되고 만다.

부끄러운 고백이 있다. 언젠가 교회에서 바삐 차를 몰고 나가는 와중이었다. 그때 큰 차 한대가 골목을 막고 있었다. 마음이 급하다 보니 빨리 차가 비켜 주었으면 좋겠는데 떡 하니 버티고 서서 움직이지 않는 것이었다. 한 손에는 운전대, 또 한 손에는 핸드폰을 들고 교인과 통화를 하고 있었다. 마음은 급하지, 앞차는 움직이지도 않지 답답하기 그지없었다. 하는 수 없이 경적을 울리는데 차주가 창문을 열고 "옆으로 지나가면 되잖아!" 하며 반말로 소리를 치는 것이 아닌가? 갑자기 기분이 언짢아지면서 화가 났다. 그래도 교회 근처라는 인식은 있어서 같이 맞불로 소리지르지는 않았다. 다만 나지막한 소리로 이런 말이 튀어 나왔다.

"아, 저게 진짜……."

그리고 이어 누군가의 놀란 목소리가 들렸다.

"네? 목사님, 뭐라고요?"

아뿔싸! 나는 그때 통화 중이었다. 길목을 막고 있는 운전자만 보다 보니 화가 머리 꼭대기까지 차올라 누구와 통화하는지도 잊은 채, 내 혈기가 여과 없이 튀어 나왔던 것이다. 그 일 전에 나는 그 입으로 설교를 했었고 어떤 무례한 이를 너그럽게 용서해 주던 관대함도 있었다. 그런데 사소한 운전 중에 그 평정을 잃었다. 교회 근처가 아니었다면 통화상에서 들려오는 성도의 목소리가 아니었다면, 더 낯뜨거운 상황이 벌어지지 않았을까 싶다.

우리 일상에서도 그렇지 않은가? 예기치 못하게 나발처럼 속을 뒤집어 놓는 무례한 자를 만나거나, 비꼬는 말로 나를 상처 주는 이들의 언행을 겪거나, 그 외 가정, 교회, 일터에서 등등 많은 곳에서 그런 일들을 경험한다. 그래서 우발적으로 끓어 오르는 혈기를 참지 못해 일을 그르치고 때늦은 후회를 한다.

다윗이 큰 우를 범하지 않을 수 있었던 것은 아비가일의 목소리를 청종했기 때문이다. 어디에나 내 주변에 아비가일의 목소리가 있음을 감지해야 한다. 아무리 그 상황 속에서 혈기가 솟아나도 누군가에 의해 상기되는 하나님의 목소리를 들어야 한다. 그들은 나를 위해 하나님께서 보내신 사람이다. 하나님의 안전장치이다. 만일 다윗이 아비가일의 목소리를 청종하지 않고, 상기되는 하나님의 생각을 무시했다면 무고한 시민을 학살했다고 두고두고 회자되었을 사고이다. 우리아 사건처럼 그의 평생을 따라다니며 난처하게 만들 오점이 될 수 있었다. 다윗의 말을 되뇌어보라.

"오늘 당신을 보내 나를 영접하도록 한 이스라엘의 하나님 여호와를 찬양합니다! 그리고 내가 사람을 직접 죽여 원수를 갚지 않도록 한 당신의 지혜를 고맙게 여기며……."

다윗은 자신이 죄를 짓지 않도록 하나님이 아비가일을 보내셨다고 말하고 있지 않은가? 아비가일을 하나님이 보낸 사람으로 믿은 것이다. 하나님이 가려지면 아무리 의로운 모습이 전에 있었다 해도, 금세 혈기에 찬 내 원색적 모습이 또다시 고개를 쳐든다. 하나님의 프리즘을 놓치면 멀쩡했던 그 사람에게 또다시 옛사람의 본성이 튀어 나온다. 그렇기에 하나님의 프리즘이 지속되도록 하나님을 항시 싱기해야 한다.

어느 때나 우리는 나발과 같은 사람을 만나게 된다. 그때마다 혈기로 반응한다면 후회할 일들만 만들어낼 것이다. 하나님께서는 우리가 분노로 가슴이 뛰기를 원치 않으신다. 하나님께서는 내 안에 끓어오르는 화로 인하여 큰 후유증이 남을 일에 인생을 소비하기 원하지 않으신다.

우리 주변에도 그런 사람이 있지 않은가? 별 일 아닌 것에 분노를 조절하지 못하고 나중에 그 일에 대하여 후회하며 후유증을 겪고, 어느 순간 또 이를 되풀이하고, 다시 후회하고……. 혹시 내가 그런 사람은 아닌가? 화(火)를 조절하지 못하면 내게 화(禍)가 되돌아오는 법이다.

하나님은 우리가 하나님으로부터 맡겨진 사명과 비전으로 흥분하기를 원하신다. 다윗이 아비가일의 말에 귀 기울여 나발을 향한 혈기를 내려놓으니, 자신을 향한 하나님의 섭리인 이스라엘의 지도자의 길이 있음이 보였다. 분노에 찬 사람은 과거를 살고 흥분에 찬 사람은 미래를 산다고 한다. 아비가일의 대처로 다윗의 심장은 나발에 대한 과거적 분노에서 미래를 향한 흥분으로 박동수를 달리하게 되었다.

다시 한 번 하나님이 보내신 아비가일의 조언을 들여다보자. 나 자신을 들여다보자. 나는 나발의 언행에 분노하며, 불필요한 감정을 분출하며 죄를 짓는 과거지향적인 자인가? 아니면 하나님을 바라보며 맡겨주신 사명과 비전으로 미래를 꿈꾸며 사는 자인가? 나의 심장은 어디에서 두근거리는가? 나발에 대한 혈기인가, 하나님을 향한 가슴떨림인가?

13.
성공 이후, 추악한 죄에 빠졌다

다윗이 사람을 보내 그 여인을 알아보게 하였더니 그가 아뢰되 그는 엘리암의 딸이요 헷 사람 우리아의 아내 밧세바가 아니니이까 하니
다윗이 전령을 보내어 그 여자를 자기에게로 데려오게 하고 그 여자가 그 부정함을 깨끗하게 하였으므로 더불어 동침하매 그 여자가 자기 집으로 돌아가니라(삼하 11:3, 4).

승리를 맛본 다윗

고진감래, 쓴 것이 다하면 단 것이 오듯이 고생 끝에 낙이 온다고 했다. 큰 역경의 중압감을 떨친 후에 찾아오는 삶의 열매들은 값진 것이다. 그것만큼 우리 마음을 부요하고 보람 있게 하는 것은 없을 것이다.

모진 고난 후에 드디어 다윗의 인생에도 봄이 왔다. 10여 년의 춥고 매서운 겨울과 같았던 광야 생활 후 마침내 이스라엘을 통합하는 통일 왕조를 이루게 되었다. 그리고 그동안 겪은 산전수전 공중전의 경험과 지략을 살려 나라의 부흥기를 이끌기 시작했다. 사울로 인해 떨어진 이스라엘의 왕권이 회복되었고 대외 신뢰도가 이전과 확연하게 달라졌

다. '나라가 이제야 제대로 돌아가는구나!' 누가 봐도 양과 질에서 부흥기를 이루게 되었다. 나가는 전쟁마다 패하는 법이 없고 오랜 세월 동안 어려운 시기를 함께 했던 그의 측근들은 든든한 지원군이 되어 나라를 함께 일구어 나갔다. 무엇보다 백성의 지지도가 최고치를 기록하고 있기에 이스라엘 역사상 유례없을 전성시대를 구가했다.

> 나단이 왕께 아뢰되 여호와께서 왕과 함께 계시니 마음에 있는 모든 것을 행하소서(삼하 7:3).

궁중 고문이었던 나단이 다윗에게 했던 말이다. 궁중 안팎의 존경을 받는 선지자에게 이런 말을 들으면 얼마나 큰 힘을 얻고 가슴이 벅차겠는가? 강성한 제국의 왕이고 하나님께서 또한 함께하신다는 그의 말은, 다윗의 가슴을 더욱 고동치게 만들었고 더 큰 열심을 내도록 촉진시켰다. 큰 골칫덩어리였던 주변국들을 차례대로 무너뜨리며 승승장구한다. 확실히 인고의 세월을 기다린 보람이 있었다. 하나님께서는 쓰디쓴 고난을 고난으로만 끝나게 하시는 분이 아님을 보게 된다.

하지만 단맛이 너무 강하면 부패도 쉽게 온다. 승승장구할 때 승리감에 취하다 보면 어느 순간 취기 사이로 틈이 벌어진다. 그 틈 사이로 허튼 것들이 비집고 들어와 채워진다. 누군가 "성공은 나태한 방종의 기회가 아니라 새로운 경건의 기회로 여길 때만 해롭지 않다."고 했는데 다윗은 이 넘치는 성공을 주체하지 못했다. 경건과 성숙의 기회가 아닌 방종의 기회로 남용하고 말았다.

그 해가 돌아와 왕들이 출전할 때가 되매 다윗이 요압과 그에게 있는 그의 부하들과 온 이스라엘 군대를 보내니 그들이 암몬 자손을 멸하고 랍바를 에워쌌고 다윗은 예루살렘에 그대로 있더라(삼하 11:1).

사실 그때에 다윗은 팔레스틴 지역에서 천하통일을 이룬 것이 아니었다. 여전히 주변 열강들은 이스라엘에 위협적이었고 긴장을 놓치면 언제 또 전세가 뒤집힐지 모를 일이었다. 특별히 이번에는 암몬과의 전쟁이 녹록지 않았다. 장기전으로 돌입하면 아무리 나중에 승기를 잡는다 해도 그 전쟁의 후유증이 남는다. 그렇기에 어서 매듭을 지어야 하는 전쟁이었다. 팔레스틴은 날씨에 영향을 많이 받는 지형이라 전쟁 때에도 계절에 민감하다. 보통 겨울은 우기이기 때문에 전쟁을 피하는 것이 서로 간의 암묵적 약속이었다.

암몬과의 싸움이 그러했다. 그해에 전투를 마무리 짓지 못하고 다음해로 넘겨야 했다. 한 계절 동안 준비하고 비축해둔 전력을, 다음해가 되었을 때 바로 전투에 나갈 수 있도록 대비해야 하는 상황이었다. 다윗은 자신의 오른팔인 요압을 선두로 이스라엘의 징예군을 비롯하여 거의 대부분의 전력을 이 전쟁에 쏟아 붓도록 조직하였다. 그만큼 중요한 전쟁이었고 이를 기점 삼아 주변 열강들과의 복잡하고 소모적 전쟁들을 확실히 매듭지을 수 있는 기회였다.

그런데 이게 웬일인가? 가장 중요한 시기에, 가장 중요한 수장이 뒤로 빠지는 게 아닌가? 최고 통수권자 다윗이 궁전에 그대로 있기로 한 것이다. 군사들은 나라를 위해 일선에서 피 튀기며 중요한 일전을 벌이고 있을 때, 징집된 이스라엘 젊은이들이 목숨을 바쳐 애국할 때, 가장 큰 수장은 전시 중에 한가하게 궁전에서 백수 놀이나 하고 있었다.

다윗의 이 같은 행동의 이면은 상당히 낯선 모습이다. 이전에도 실수나 허점은 있었지만 국가의 운명이 걸린 당시 상황에서 너무나도 나태한 대처였다. 왜 그랬을까? 무엇이 그를 이처럼 개념 없을 정도의 대범함을 갖게 했을까?

타락한 사내, 죄악으로 추락하다

> 저녁때에 다윗이 그의 침상에서 일어나 왕궁 옥상에서 거닐다가 그 곳에서 보니 한 여인이 목욕을 하는데 심히 아름다워 보이는지라(삼하 11:2).

출정하지 않은 대신 다윗이 밤늦도록 무얼했는지 저녁때에 드러났다. 그는 아마 출정식도 참관하지 않은 것으로 보인다. 그마저도 요압에게 맡겼는지 모른다. 밤새도록 밀회를 즐겼을지도 모를 일이다. 느지막히 일어나니 머리가 멍하다. 해도 뉘엿뉘엿 저물어가고 있다. 딱히 할 일이 없기에 또다시 침대에 들어가도 되고, 멍하니 경치 구경이나 하며 백수 놀이를 하다가 '저녁에 뭘 먹지?' 즐거운 공상에 빠질 수도 있다. 이런 공상과 어우러져 슬슬 음흉한 남성의 본능이 속에서 꿈틀대며 기지개를 켜기 시작한다.

마침 다윗의 본능과 적절한 환경이 맞선을 보는 듯이 한 여인이 야외에서 목욕을 즐기는 게 아닌가? 가만 보니 딱 자기 취향이다. 정신이 아찔하다. 이미 여러 명의 아내가 있던 그였지만 좋아하는 취향의 여인이 전라로 나타났을 때 그런 것에 방해받을 리 만무하다. 요즘 대세인 잘 나가는 왕인데 여자 한 명 건드린다고 감히 뭐라 할 사람도 없을 것이다. 누가 막겠는가! 딱히 할 일도 없겠다, 궁전은 텅텅 비었겠다, 음흉한 꼼수를 부리기에 최적의 시간과 장소였다. 늦게 일어나 멍해진 머리가 이름 모를 여인의 목욕 장면을 보자 번쩍 뜨였다. 다윗은 입이 무거운 측근 한 명을 보내어 누구인지 알아보게 한다.

다윗이 사람을 보내 그 여인을 알아보게 하였더니 그가 아뢰되 그는 엘리암의 딸이요 헷 사람 우리아의 아내 밧세바가 아니니이까(삼하 11:3).

아쉽게도 그녀는 임자 있는 몸이었다. 더 안타까운 것은 다윗이 총애하는 장군의 아내였다. 어쩌다 한두 번 안면이 있는 자의 아내가 아니라 국가의 장래를 함께 고민하던 아끼는 측근의 아내였다. 이쯤 되면 한 번 더 생각하고 물러설 만도 하지 않을까?
'아, 내가 지금 무슨 생각을 하는 거야. 정신 차려. 우리아의 아내다. 다른 사람도 아니고 우리아라고!'
그러나 다윗은 이런 악조건을 애써 외면하고 싶어졌다. 밧세바가 '우리아의 아내' 임이 상기됨에도, 그 상기의 안개를 애써 걷어내고 흥분한 수사자처럼 본능으로 달려가고 말았다. 자신에게 충성을 다하는 동료에 대한 미안함이 조금도 들지 않을 정도로, 다윗은 이미 이성을 상실했다. 이젠 기름 부음 받은 왕이 아니라 성공 이후, 오만과 자만에 취해 세상적 뒤풀이나 하는 타락한 사내의 모습만이 남았다.

　다윗의 치졸한 행적은 여기서 그치지 않는다. 그것은 예상치 못한 일이 발생하면서부터였다. 밧세바가 임신을 하고 만 것이다. 다윗의 머릿속이 갑자기 하얗게 되었다. 은근슬쩍 '남자라면 한 번쯤은……' 하며 넘어가려 했던 일이 복잡하게 꼬여버린 것이다.

　'무슨 방법이 없을까? 어떻게든 무마시켜야 하는데…….'

　낙태 시술이 가능했던 시대라면 다윗은 충분히 밧세바로 하여금 그 같은 짓을 저지르도록 압력을 행사했을지도 모른다.

　그런 다음 다윗은 그에게 집에 가서 쉬라고 말하고 그의 집으로 선물도 보냈다(삼하 11:8/현대인의성경).

　고민하던 차에 떠오른 아이디어는 전쟁 중에 있는 우리아를 불러들여 휴가를 주는 것이었다. 거기에 갖은 선물까지 얹어서 말이다. 갑자기 웬 휴가냐고? 우리아를 집에 돌려보내 아내 밧세바와 부부의 정을 나누게 할 계획이었던 것이다. 한창 긴요한 전시 중이었지만 그것은 문제가 되지 않았다. 전세가 어떻게 되든 말든 다윗 본인이 저지른 짓을 덮는 것이 더 급했다.

　하지만 또다시 일이 꼬여버렸다. 우리아가 휴가를 반납했다. 전쟁터에서 고생하는 전우들 생각에 왕궁 입구 쪽에서 다른 근위병들과 함께 야영을 한 것이다. 당황한 다윗이 재차 휴가를 주었지만 그럴 때마다 휴가를 반납하고 우직하게 전시 상황실에서 업무를 수행했다.

그러나 우리아는 집으로 가지 않고 그 날 밤을 궁전 경비병들과 함께 궁전 문 앞에서 보냈다. 다윗은 우리아가 집으로 가지 않았다는 말을 듣고 그를 불러 물었다.

"무슨 일이냐? 오랫동안 너는 아내와 헤어져 있었는데 어째서 어젯밤에 집으로 가지 않았느냐?"

"우리 군대가 지금 전쟁 중이며 여호와의 궤도 그들과 함께 있고 나의 지휘관인 요압 장군과 그 부하들이 빈 들에서 진을 치고 있는데 어떻게 내가 집에 가서 먹고 마시고 내 아내와 같이 잘 수 있겠습니까? 내가 대왕 앞에서 맹세하지만 나는 절대로 이런 일은 하지 않을 것입니다"(삼하 11:9-11/현대인의성경).

다윗의 마음은 점점 조급해질 수밖에 없었다. 야속할 정도로 우직한 우리아의 충심으로 계획이 틀어지게 생겼으니 말이다. 아이가 태어나게 되더라도 자신의 아이가 아니라고 발뺌할 수 있는 방비책이었는데, 고지식한 우리아 때문에 알리바이가 성립되기 어려워졌으니 얼마나 좌불안석이었을까? 조용히 염문을 덮으려고 했던 시도가 실패로 돌아갔다. 이러다가는 온 나라에 소문이 나고 이 일로 그동안 쌓아 올린 위신이 땅에 떨어져서 골치 꽤나 썩을 게 뻔했다.

'어떻게든 이 위기를 벗어나야 하는데, 어찌해야 할지……. 뭔가 방법이 있지 않을까…….'

추악한 묘책

그렇게 고심에 고심을 거듭한 결과 묘책이 하나 떠올랐다. 다만 이번 묘책은 상당히 극단적이며 놀랍도록 비겁했다.

그래서 요압은 적군의 성을 포위 공격할 때 적의 가장 강한 반격이 예상되는 지점에 우리아를 배치시켰다. 적이 그 성에서 나와 요압과 싸울 때에 우리아는 결국 적의 반격을 받아 몇몇 다른 이스라엘군과 함께 그 곳에서 전사하였다(삼하 11:14-17/현대인의성경).

다윗은 왕궁에 복귀하였음에도 귀가하지 않는 우리아를 다시 전선으로 보내기로 결정한다. 그런데 이번에는 그에게 편지 한 장을 함께 주어 보낸다. 수신자는 총사령관 요압. 다윗은 우리아의 성품상 함부로 편지를 뜯어보지 않을 것을 확신했기에 자기가 계획한 내용을 마음 놓고 적을 수 있었다. 그 내용은 우리아를 가장 위험한 최전선에 배치하고 다른 병력은 후퇴시켜 그를 죽게 만들라는 것이었다. 청부살인이나 다를 바 없는 모살을 계획한 것이다.

이쯤 되면 대략 눈치를 챌 수 있을 것이다. 이 수법을 말이다. 그렇다! 사울이 다윗을 죽이기 위해 적진 블레셋에 들어가 백 명의 포피를 가져오도록 명한 것과 상당히 유사한 방법이었다(삼상 18:25). 전에 한 번 본인이 크게 당해 봐서인지, 이 방법이 아주 효과적이라고 생각했던 것 같다. 아! 그 방법을 쓰다니…….

지금 다윗의 행동 추이를 보라! 점입가경이다. 중요한 거사를 앞두고 나태함을 부린다. 그러던 중 간통을 저지르고, 그걸 무마하기 위해 전시 중에 있는 장수에게 무리한 휴가를 주는 꼼수를 쓰고, 그도 통하지 않으니 급기야 충신을 죽이는 범죄로 확산되고 있다. 가장 심각한 것은 이때까지 일말의 가책을 느끼지 못할 정도로 그의 양심이 무뎌진 것이다. 여지없이 죄악으로 추락하는 다윗이다.

어쩌다가 이렇게 변한 걸까?

『매튜 헨리 주석』에서는 당시 다윗의 나이를 정욕이 불타는 청년의 시기를 넘어 오십 줄에 접어든 중년으로 보고 있다. 게다가 여러 명의 아내를 두고 있었다. 이를 본다면 다윗이 정말 정욕 자체에 빠져서 벌인 일은 아니다. 그렇다고 밧세바가 유난히 빼어난 미모를 가진 여성이었기에 '불타는 불륜의 사랑'에 빠졌을 것이라는 추측도 설득력이 떨어진다. 그 정도 미모의 여인들은 다윗 주변에 많았기 때문이다. 원하면 다른 여인들을 첩으로 삼을 수도 있었다. 이는 우리아를 살해하기까지 커져버린 죄악의 시발점이 단순히 밧세바에 대한 음욕이 아니었음을 시사한다. 더 근본적 원인이 있었다.

이를 규명하기 위해 먼저 주목할 것은 이 유혹에 노출된 시점이다. 모든 것이 만사형통한 시기였다. 이젠 그를 괴롭혔던 지긋지긋한 사울도 없다. 고생스러웠던 광야 사막도 없다. 대신 멋진 궁이 있었다. 출정하는 전쟁마다 승리를 거두었으며 곳곳에서 "다윗! 다윗!" 외치는 소리가 들린다. 그 지지를 등에 업고 업적이 더더욱 빛나던 시기였다. 이 상황에서 다윗의 만족감과 자신감은 극단으로 치닫는다.

이런 극단적 만족감들은 그의 영성을 서서히 좀먹고 있었다. 예전 광야에서의 갈급한 영성이 사라지고 그 틈으로 교만과 허튼 생각들이 쉼없이 침투한 것이다. 그가 저지르는 죄의 확산 속도를 보라. 육상선수 우사인 볼트가 100m 질주를 하는 듯하다. 다윗은 고난을 극복하고 승리한 이후에 찾아오는 인생의 함정에 빠져버렸다.

다윗이 어느 날 전라의 여인을 봤기 때문에 눈이 휘둥그레져서 우발적으로 죄를 지었다. 이것이 핵심이 아니다. 그래서 다윗이 욕정의 눈이 뜨여졌다. 이것이 이 사건의 진의가 아니다.

만일 다윗이 사울에게 쫓기던 광야 시절에 우연찮게 밧세바의 목욕 장면을 보았다면 그 욕정이 그때도 불타올랐을까? 아니다. 결코 그러지 않았을 것이다. 그때 다윗의 영성은 살아 있었기 때문이다. 자신은 약한 존재이기에 하나님을 의지할 수밖에 없으며, 유혹이 있더라도 하나님이 싫어하는 일은 하고 싶지 않은 내면의 의지가 강하게 작용했을 것이다. 사울에게 쫓겨 다니며 동굴에서 읊은 시편을 주목해보라. 그의 영성은 이른 새벽부터 생생하다.

> 내가 지존하신 하나님께 부르짖음이여 곧 나를 위하여 모든 것을 이루시는 하나님께로다 하나님이여 내 마음이 확정되었고 내 마음이 확정되었사오니 내가 노래하고 내가 찬송하리이다 내 영광아 깰지어다 비파야, 수금아, 깰지어다 내가 새벽을 깨우리로다 (다윗의 시 57:2, 7, 8).

다윗이 죄를 지을 당시 외형적으로는 가장 강한 전성기를 맞이하고 있지만, 사실 이때 그의 영성과 인격의 수준은 가장 미약했다. 자아가 강해지면 거기에 도취되어 하나님에 대한 필요성이 점점 약해지고 영성의 나약함을 불러오기 마련이다. 사단은 그 틈을 노리고 침범한다. 마귀에게 기회를 내어주는 것이다. 자아의 충족은 하나님의 영의 충족을 상대적으로 위축시켜 버린다. 주변 환경이 잘 풀리는 것 같고 계획한 일이 잘 되는 것 같다는 안도감 뒤에 오는 유혹과 함정들이 얼마나 큰 위험 요소인지 깨달아야 한다.

승승장구하는 느낌이 드는가? 그렇다면 오히려 그때가 더 신중하게 영적 긴장감을 갖고 그분 앞에서 겸손히 무릎 꿇을 때이다. 반대로 고난이 끊이지 않는 것 같은가? 아직도 그 여정 한가운데 있다고 생각하는가? 그때가 바로 우리의 영성이 위로 나아갈 때를 얻은 것이다.

가장 강할 때에 가장 쉽게 넘어진다

로마사에 관련된 여러 기록물을 보면 로마의 정치, 사회, 경제 등의 큰 성황기는 오현제[1]에 이르러 '팍스 로마나'로 구현되었다. 하지만 바로 그 직후 로마는 쇠락이 시작된다. 오현제의 화려한 업석을 등에 업고 즉위한 코모두스 황제였지만 온전한 정치는 펴지 않고 검투사 경기같이 피 흘리는 저급한 오락거리 등으로 대중의 인기를 영합하려 했기 때문이다. 바로 최절정을 이룬 그때가 또 쇠망기로 들어가는 역설을 역사

---

1) 네르바, 트라야누스, 하드리아누스, 안토니누스 피우스, 마르쿠스 아우렐리우스 황제로 이어지는 다섯 황제

는 보여준다.

이것이 비단 세계사만인가? 다시 성경으로 들어가 보자. 가장 쉽게 넘어질 때가 언제였는가? 가장 승승장구할 때였다. 술술 만사가 잘 풀릴 때였다. 참으로 모순 같지만 그것은 사실이다.

여호수아 시대 때 가나안 땅에 정착하기 위해서 이스라엘 민족은 그곳 정착민들과 혈전을 치를 수밖에 없었다. 그 중 가장 버거운 상대가 바로 여리고 성이었다. 캐슬린 캐넌이나 레온 우드 같은 고고학자들에 의하면, 여리고 성은 4m 정도의 높은 벽을 세워 적들이 오르지 못하도록 상당히 경사가 가파른 곳에 있었다. 때문에 성벽에 접근하는 것이 어려우므로 상대는 성 주위를 둘러싸서 성을 고립시켜야만 했는데, 그렇게 하다 보면 오히려 주변 가나안 연합군에 의해서 공격의 빌미를 제공할 수 있는 위험이 있었다. 레온 우드는 보통 이럴 때는 포위하는 수법을 사용했지만 몇 달 안에 가나안 전 땅을 지배해야 했기에 포위할 시간도 없었을 것이라 한다.

성벽에 접근하는 것도 어렵고 시간도 없고 설사 접근을 했다 하더라도, 가파른 경사지를 오르는 동안 성안에 있는 군사들이나 주변의 가나안 연합군에 의해서 초토화된다는 얘기다. 어떤 적도 당시의 기술력과 전략으로 뚫기 힘든, 수많은 대비를 하지 않으면 안 될 정도로 난공불락으로 유명한 성이었다. 보나마나 객관적으로 이스라엘의 열세였다. 하지만 치러야 하는 전쟁이었기에 피해갈 수 없었다. 이스라엘 군대는 긴장의 고삐를 늦추지 않았고 하나님 앞에서 영적 사기의 진작을 위해 신앙적 부분과 현실적 군사 준비에 만전을 기하며 대비하였다. 그 결과 승리를 거머쥐었다.

반면 이후 아이 성 전투에서 이스라엘은 이런 패기를 보이지 못했다. 아이 성은 여리고에 비하면 너무나 쉬운 상대였음에도 말이다. 여리고와 같은 요새도 아니었고 여러 전력 면에서 허술해 보이는 곳이었다. 정탐을 보냈던 이들도 하나같이 이 전쟁은 이기는 전쟁이므로 총 전력을 쏟아 힘을 낭비할 필요가 없다고 보고하였다.

하지만 결과는 이스라엘의 대패였다. 여리고를 무너뜨린 이스라엘이 상대를 얕잡아보다 오히려 역공을 당해 도망치는 데 급급했던 것이다. 축구로 비유하자면 브라질을 이겼던 팀이 가장 최하위인 팀을 우습게 보다 절절매며 패한 것이다.

다윗이 무너진 때 역시, 혹독한 광야에서가 아니라 여유로운 왕궁에 서였다. 명성이 있을 때, 일이 잘 풀릴 때, 건강할 때, 스스로 승리감에 도취될 때 오히려 그때가 더 하나님 앞에서 심사숙고할 때다. 오히려 겸손하게 상황을 직시해야 할 때다. 내 자아가 더 강해지고 헛된 자존감이 드높아지는 시기가 아니라, 그때야말로 고개를 숙이고 나를 하나님 앞에 더욱 성찰할 시기인 것이다. "선 줄 알거든 넘어질까 조심하라"는 말씀처럼 항시 깨어 있을 때, 우리는 서는 것에서 머무르지 않고 뛸 수 있는 능력을 얻는다.

14.
다시 시작할 수 있을까?

하나님이여 주의 인자를 따라 내게 은혜를 베푸시며
주의 많은 긍휼을 따라 내 죄악을 지워 주소서
나의 죄악을 말갛게 씻으시며 나의 죄를 깨끗이 제하소서(다윗의 시 51:1, 2).

최고 권력자 앞에서 바른 말을 하다

밧세바 사건 후 다윗의 추악한 행적은 온 이스라엘에 퍼져버렸다. 가장 먼저 궁중 선지자 나단이 이 사실을 알아 차렸다. 한 가정을 파탄시키고도 뻔뻔하게 고개를 들고 다니며, 마치 아무 일도 없었다는 듯이 행세하는 이 가증함을 누군들 가만히 보고 있을 수 있겠는가? 그러나 걸리는 게 있는데 다윗 왕, 그의 신분이다. 한 나라의 국운을 좌지우지하는 최고 통수권자이다. 오랫동안 힘든 시절을 그와 동고동락했던 요압도 그의 불의를 가만히 보고 있을 수밖에는 없었다. 아니 오히려 다윗의 불의에 어쩌지 못하고 동조하였다. 다시 한 번 말하지만 그는 왕이다.

다윗의 불의를 알고 있음에도 최고 권력자 앞에서 진실을 물어야 하는 분위기였다. 하지만 나단 선지자는 그런 권력에 굴하지 않았다.

"폐하, 한 마을에 많은 양과 소를 가진 부자에게 어느 날 손님이 찾아왔습니다. 손님 대접을 하기는 해야 했는데 그 부자는 인색한 사람인지라, 자기가 가진 가축을 잡아서 대접하기에는 너무 아까웠습니다. 마침 한 동네에 어떤 가난하고 힘없는 자에게 암양 한 마리가 있었습니다. 그런데 그 가족들이 얼마나 그 양을 사랑했는지 애완동물 이상이었지 뭡니까! 같이 상에서 밥을 먹고, 너무 귀여워서 품에 안고 잠까지 잘 정도였으니까 말입니다. 동네 사람들 말에 의하면 마치 딸처럼 금이야 옥이야 키웠다고 합니다. 그런데 좀 전에 말씀드렸던 그 부자가 어느 날 와서는, 그 암양을 빼앗아서 자기 손님을 대접했다는 겁니다. 힘센 부자인지라 그 가난한 가족들은 눈물을 머금고 그대로 당할 수밖에 없었다고 합니다. 폐하! 어찌 이 나라에 이런 불의한 일이 있을 수 있습니까?"

나단의 이야기를 들은 다윗은 분노에 차서 격하게 말했다.

"그런 죽일 놈이 다 있나! 당장 잡아오시오! 이 나라 왕의 이름을 걸고 가만두지 않겠소."

나단은 다윗에게 외친다.

"왕이시여! 그대가 바로 그 부자입니다!"

나단이 이야기한 그 부자는 바로 다윗 그 자신이었다. 나단은 하나님의 이름으로 다윗을 매섭게 꾸짖었다. 밧세바와 우리아 사건의 전말에 대한 기막힌 비유였다. 아무리 궁중 선지자라 해도 왕에게 이런 직언은, 목을 내놓기로 결심하지 않은 이상 할 수 없는 소리다. 게다가 이때는 다윗이 이전과는 다르게 영성의 바닥을 드러내놓던 시기였다. 자신의 염문을 숨기려 자신에게 죽도록 충성한 충신을 죽였던 이가 나단 선지자에게라고 무슨 짓을 못하겠는가? 나단도 이 직언이 자신의 죽음을 앞당길 수 있음을 각오했을지 모른다.

'다윗 왕의 화만 일으키지 않을까?'

보는 이까지 긴장시키는 그야말로 돌직구 간언이었다.

추락했던 영성이 다시 일어나다

하지만 우려와는 달리 나단 선지자의 직언은 저 밑바닥에 떨어진 다윗의 영성을 일깨우는 데 효과가 있었다. 그의 가슴에 요동이 일어나기 시작한 것이다. 나단을 통해 하나님께서 질책하심을 직감하였다. 나단의 말이 아닌 하나님의 음성으로 들은 것이다.

다윗은 그제야 자기가 무슨 짓을 저질렀는지 보았다. 이후 혼자 골방에 들어가 실로 오랜만에 하나님을 대면하였고 저지른 짓에 대한 통렬한 뉘우침이 일어났다.

하나님이여…… 주의 많은 긍휼을 따라 내 죄악을 지워 주소서 나의 죄악을 말갛게 씻으시며 나의 죄를 깨끗이 제하소서 무릇 나는 내 죄과를 아오니 내 죄가 항상 내 앞에 있나이다 내가 주께만 범죄하여 주의 목전에 악을 행하였사오니…… 하나님께서 구하시는 제사는 상한 심령이라 하나님이여 상하고 통회하는 마음을 주께서 멸시하지 아니하시리이다(다윗의 시 51편 중 - 다윗이 밧세바와 동침한 후, 선지자 나단이 그에게 왔을 때의 회개시).

남자 형제들이 으레 그러하듯 나도 어렸을 때 동생과 자주 티격태격 싸우곤 했다. 한번은 서로 싸우다가 개수대의 유리컵이 떨어졌는데 깨진 유리와 들어 있던 음료가 범벅이 되어 바닥을 순식간에 초토화시켰다. 유리컵이 깨지는 동시에 우리의 싸움도 멈췄고 마침 집에 오신 어머니의 시선도 거기에 머물렀다. 이어 어머니께서는 동생과 나의 싸움에 대해서 잘잘못을 가리신 후 기꺼이 용서해주셨다. 하지만 깨진 컵과 흩뿌려진 음료를 치우는 것은 고스란히 우리의 몫으로 남겨 두셨다. 대신 치워주지 않으셨다. 하나님께서도 당신의 자녀가 죄의 진흙탕에서 뒹굴었을지라도 그로부터 자복하였을 때는 기꺼이 용서해주신다.

> 여호와께서 말씀하시되 오라 우리가 서로 변론하자 너희 죄가 주홍 같을지라도 눈과 같이 희어질 것이요 진홍같이 붉을지라도 양털같이 되리라(사 1:18).

다만 간과해서는 안 될 것은 죄를 지은 것이 나이기에, 그 죄에 대한 후유증을 감내해야 하는 것도 오롯이 나라는 점이다. 다윗은 처절하게 하나님 앞에서 회개하였다. 자신이 저지른 짓들이 너무나 추악하였음을 뒤늦게나마 깨달았다. 하나님은 기꺼이 이런 그를 다시 받아주셨고 용서해주셨다. 다만 다윗이 기억해야 할 것이 있었는데 그 잘못에 대한 후유증은 응당 그가 치러야 할 것임을 암시하신 것이다. 이번 일로 다윗 왕가의 크고 작은 분란과 밧세바를 통해서 낳게 될 첫 아이의 죽음을 예고하셨다.

그렇다. 죄는 후유증을 남긴다. 하나님께서는 회개하고 용서를 구하는 자들의 죄를 용서해주시지만 그 죄에 대한 후유증을 남겨놓으셨다. 저지른 그 죄에 대한 뒤처리의 몫을 당사자에게 남겨놓으셨다. 마치 내가 어린 시절 동생과 싸우고난 뒤, 깨진 유리와 흩뿌려진 음료를 치워야 했듯이 말이다.

회개는 죄를 저지르고 입으로만 용서를 구하고, 또다시 같은 죄를 저지르고 용서를 구하고 하는 식으로 반복하는 것이 아니다. 회개란 철저히 그 길로부터 돌이키는 것이다. 내가 잘못된 'X'라는 길로 가고 있다면 그것을 깨닫는 인식은 어디까지나 용서를 구하는 고해이다. 만일 잘못된 길임을 깨닫고도 계속 그 길로 가고 있다면 회개가 이루어지지 않은 것이다.

그럼 회개는 언제 이루어지는가? 즉시 행동으로 옮겨 올바른 'O'의 길로 향할 때다. 동시에 잘못된 'X'라는 길을 간 만큼 다시 돌아가야 하는 길의 여정은 나에게 남는다. 그것이 회개의 과정이다. 되돌아가면서 스스로 반성하고 숙고하고 깨닫는다. 더 깊이 스스로를 되돌아보는 것이다. 그렇기에 본래 회개는 입으로 고백한 이후에 삶의 행동으로 증명된다. 내 삶의 행동을 바로 고치고 죄에 대한 후유증을 감내하면서 다시는 똑같은 길로 돌아가지 않겠다고 다짐하는 것이다.

그때 동생과 나는 빗자루와 걸레로 싸움의 잔재를 치우면서 뭘 잘못했는지 서로 반성했다. 깨진 유리를 먼저 질퍽한 음료수 사이에서 건져내고 걸레로 음료를 닦아낸 후, 깨끗이 빨아 걸레 속 유리의 잔재가 남아 있지 않도록 또다시 여러 번 헹구고, 다시 바닥으로 와 고운 유리 파편이 어딘가에 남아 있지 않을까 염려하여 빗자루로 쓸었다. 그 이후 형제 간에 싸울 일이 생겨도 다시 유리컵을 깨뜨리지 않기 위해, 서로 감정을 누그린 기억이 있다.

죄의 후유증

다윗은 고스란히 죄의 후유증을 감내하지 않으면 안 되었다. 하나님의 용서를 구하고 다시는 밧세바의 일이 재현되지 않도록 깨진 파편을 주워 정리해야만 했던 것이다. 바로 회개의 과정이었다.

다윗의 죄는 자식의 죽음으로 나타났다. 아이가 태어나자마자 시름시름 앓는 모습을 보니 아비의 억장이 무너졌다. 이미 나단 선지자를 통해서 예견된 일이었지만 막상 닥치고 보니 견뎌내기가 고통스러웠다. 땅에 엎드리고 금식하며 기도하였다. 하나님께서 뜻을 돌이키기를 구하며 아이를 살려 줄 것을 기도하였던 것이다.

"하나님! 정말 잘못했습니다. 이젠 저의 죄를 알겠습니다. 긍휼이 많으신 하나님 나의 죄를 용서하옵소서. 그러나 저 어린 핏덩이는 무슨 죄가 있습니까? 차라리 제 몸을 쳐 저를 벌하실지언정 저 아이는 살려 주시면 안 되겠습니까?"

이렇게 기도했을지 모른다. 부모가 병들고 아픈 것이 낫지 자식의 아픔을 보는 것은 더 고통스럽기 때문이다.

다윗은 밤을 새워 금식하며 기도하는 것으로 그 고통을 감내하였다. 단지 아이의 생명만을 구하는 기도가 아니었다. 아이를 위하여 기도하는 동시에 여전히 남아 있을지 모를 자기 죄의 찌꺼기들까지 다 빼내는 과정이기도 했다.

> 다윗이 그 아이를 위하여 하나님께 간구하되 다윗이 금식하고 안에 들어가서 밤새도록 땅에 엎드렸으니 그 집의 늙은 자들이 그 곁에 서서 다윗을 땅에서 일으키려 하되 왕이 듣지 아니하고 그들과 더불어 먹지도 아니하더라(삼하 12:16, 17).

여느 날처럼 그날도 괴로운 가운데 기도를 하였지만 그날따라 궁정에서 웅성거리는 소리 때문에 기도에 몰입하기가 어려웠다.
'왜 이렇게 신경 거슬리게 수군대고 웅성거리지? 기도에 집중할 수가 없잖아!'
그러나 그가 그 이유를 깨닫는 데에는 오래 걸리지 않았다.

> 다윗이 그의 신하들이 서로 수군거리는 것을 보고 그 아이가 죽은 줄을 다윗이 깨닫고 그의 신하들에게 묻되 아이가 죽었느냐 하니 대답하되 죽었나이다 하는지라(삼하 12:19).

그렇게 기도하였음에도 하나님께서는 이전과 다르게 다윗의 기도에 응하지 않으셨다. 만일 이런 상황에 우리가 놓인다면 어떠했을까? 어떻게 반응할까? 하나님을 원망하지는 않을까? 아무리 그래도 그렇지, 이렇게까지 매달리는데 나를 이렇게 홀대할 수 있느냐며 대들지 않을까?
그렇다. 항상 이런 식이다. 이런 식으로 우리는 하나님을 대한다. 심지어 오랫동안 하나님이 어떤 분인지에 대해 배웠음에도 말이다. 나의 감정과 인격은 소중히 여기면서 여전히 하나님의 감정과 인격은 외면

한다. 거듭 말하지만 하나님은 하나님이다. 우리의 감정에 따라 막 대하는 분이 아니다. 창조자의 권위는 실로 말로 표현할 수 없을 정도다. 우리 마음대로 하나님 앞에서 범죄해놓고서는 말 한마디로 급하게 마무리 지으려 한다.

"지난 나의 죄를 용서하소서. 그러니 이제 내게 더 큰 복을 주소서."

이것이 하나님께 얼마나 몰염치한 행위인지 모르기에 그 같은 대범함을 하나님께 들이대는 것이다. 죄는 용서 받으나 후유증은 남는다. 그리고 그것을 감내할 때 그 죄에 또다시 거하려는 유혹을 뿌리칠 수 있는 내성이 형성된다. 어찌 보면 죄의 후유증은 당사자에게는 괴로우나 죄를 예방한다는 차원에서 보호막이라 할 수 있다.

시편 51편의 회개 기도에서 그치지 않고 이후, 그 독을 빼내는 과정이 다윗에게 더 있었다. 다윗의 다음 행동을 보라. 기도 응답이 실패한 뒤 그가 보였던 태도 말이다. 원망이 아니라 덤덤하게 현실을 받아들이고 하나님의 뜻에 굴복하고 있다.

> 다윗이 땅에서 일어나 몸을 씻고 기름을 바르고 의복을 갈아입고 여호와의 전에 들어가서 경배하고 왕궁으로 돌아와 명령하여 음식을 그 앞에 차리게 하고 먹은지라(삼하 12:20).

저토록 금식하며 기도했는데 아이가 죽었다는 소식을 들으면 상실감 때문에 그가 실성하지는 않을까? 신하들은 전전긍긍했지만 다윗은 그 소식을 듣자마자 금식을 그치고 깨끗이 목욕을 하며 기력을 회복했다.

그의 신하들이 그에게 이르되 아이가 살았을 때에는 그를 위하여 금식하고 우시더니 죽은 후에는 일어나서 잡수시니 이 일이 어찌됨이니이까 하니 이르되 아이가 살았을 때에 내가 금식하고 운 것은 혹시 여호와께서 나를 불쌍히 여기사 아이를 살려 주실는지 누가 알까 생각함이거니와 지금은 죽었으니 내가 어찌 금식하랴 내가 다시 돌아오게 할 수 있느냐 나는 그에게로 가려니와 그는 내게로 돌아오지 아니하리라 하니라(삼하 12:21-23).

이전 죄에 대한 처절한 회개를 거쳤으니 다시 시작하겠다는 것이다.

다윗이 그의 아내 밧세바를 위로하고 그에게 들어가 그와 동침하였더니 그가 아들을 낳으매 그의 이름을 솔로몬이라 하니라 여호와께서 그를 사랑하사(삼하 12:24).

밧세바와 낳은 첫 아이는 그렇게 죽었지만 이후 다윗은 솔로몬을 얻게 되었다. 그리고 하나님께서는 그에게 새로운 출발을 주셨다. 다윗이 처절한 회개 이후에 다시 시작하였기 때문이다.

하나님께서 구하시는 제사는 상한 심령이라 하나님이여 상하고 통회하는 마음을 주께서 멸시하지 아니하시리이다(다윗의 시 51:17).

살다 보면 누구에게나 넘어지는 순간이 있기 마련이다. 만일 넘어진 것이 끝이라면 그것은 절망일 것이다. 그러나 하나님은 절망에서 소망으로 다시 시작할 수 있는 안전장치를 마련하여 주셨다. 다윗이 아이를 잃은 절망에서 솔로몬의 출산으로 다시 소망을 가졌듯이 말이다.

하나님의 안전장치

그런 의미에서 회개는 넘어졌을 때 다시 일어서게 해주는 하나님의 안전장치이다. 회개는 과거의 죄에 대한 고통과 그 고통스런 기억을 되새김하며 지내는 것이 아니다. 다시 시작할 수 있는 힘을 얻는 과정이다. 물론 회개는 아프다. 진짜 회개는 옷을 찢는 것이 아닌 마음을 찢기 때문이다. 그러나 그것은 치료의 과정이다. 병에 걸렸을 때 뾰족한 주사나 날카로운 수술용 메스가 살에 닿으면 아프지만 이후에는 병이 낫고 다시 건강을 회복하듯이 말이다.

그렇기에 낙망하지 마라. 계속 거기에 머물지 마라. 하나님은 통회하는 마음을 외면하지 않으신다. 우리의 진심어린 고해를 받아주신다. 하나님의 아들과 딸은 언제든지 다시 시작할 수 있다. 회개를 거친 희망을 가지라. 인생이라는 다소 긴 마라톤에서 넘어졌을 뿐이다. 과거를 너무 묵상해서 앞으로 나갈 힘을 잃지는 말아야 한다.

어떤 경우에는 스스로 만든 감옥에 자신을 가둬 자학하기도 한다. 죄에 대한 심리적 부담감을 자학으로 풀어보려는 몸부림인 것이다. 그러나 이는 고귀한 하나님이 주신 인생을 또다시 낭비시키는 죄다. 사단은 이런 식으로 우리 영성체를 함정에 빠뜨리기 때문이다. 그 죄 때문에 너는 살아갈 자격이 없다고 속삭이고 스스로를 포기하게 만든다. 다윗도 수많은 죄를 지었으며 실수투성이였다. 그러나 그는 절대 '자신의 생에 주신 비전'을 포기함으로 죄의 대가를 치르려는 어리석은 방식을 취하지 않았다. 하나님 앞으로 가져가 청산하고 다시 시작했다. 혼자 앓는다고 그 문제가 해결되는 것이 아님을 알고 있었기 때문이다.

과거에 지나치게 몰두하여 앞으로 갈 에너지를 모두 소비해서는 안 된다. 어제의 실패를 묵상하면 오늘 또 실패의 영에 휩싸이는 것이다. 철저한 회개가 이뤄졌다면 하나님은 새로운 출발을 원하신다.

여기 두 사람을 보자. 둘 다 자신의 스승을 배반했다. 한 명은 스승을 돈 받고 팔았고 다른 한 명은 궁지에 몰리자 스승의 면전에다 대고 저주받을 인간이라며 욕을 하였다. 이후 두 제자는 스승을 그런 식으로 내버린 것 때문에 괴로웠다. 그 괴로움이 너무 큰 나머지 한 명은 스스로 만든 감옥에 자신을 집어넣어 자살을 택했고 다른 한 명은 용서를 구했다. 자살을 택한 제자는 그것으로 끝이었지만 회개를 택한 제자는 이전의 실패를 디딤돌 삼아 제2의 인생을 살았다. 유다와 베드로의 인생이다.

나는 실패 이후 어느 길에 서있는가? 첫 번째 제자인가? 아니면 두 번째 제자의 길인가? 어제 실패했는가? 그것이 끝이 아니다. 절망에만 갇힐 이유가 없다. 왜 매일 해가 새롭게 뜨는가? 하나님의 의도가 깃들어 있다. 매일 해가 뜨는 것은 오늘 실패한 자들에게 내일 새롭게 시작할 수 있는 새로운 기회가 주어지는 것이다.

고든 맥도널드 목사는 젊은시절부터 설교자이자 저자로서 두각을 나타내는 유명인이었다. 지금까지도 스테디셀러인 『내면 세계의 질서와 영적 성장』을 펴냈을 정도로 이른 시기에 남다른 영성과 상당한 필력을 가진 다재다능한 목회자였다.

그렇게 많은 이들의 주목을 받은 그가 혼외정사로 미국 기독교계를 발칵 뒤집었다. 그간 주목받았던 것만큼 많은 이들이 실망했고 그를 떠났다. 이후 그는 내리막을 향하게 된다. 자신의 가정에 큰 상처를 주었을 뿐만 아니라 목회하던 교회에서 쫓겨날 수밖에 없었다. 그의 화려한 이력 속에 간음이 그 방점을 찍었다. 다시는 강단에 서서 설교할 수 없을 것이라고 생각했다. 칠흑 같은 내면의 어둠 속에서 그가 이전에 한 미사여구가 가득한 설교들과 베스트셀러 저작들은 빛이 바랬다.

하나님과 사람 앞에서 저지른 그 죄 이후 그렇게 그는 무너지는 듯했다. 하지만 이대로 무너질 수 없기에 지푸라기라도 잡는 심정으로 처절하게 때로는 조용하게 하나님 앞에서 서고자 했다. 무너진 마음에 조금이라도 소망이 깃들기를 바라며 하나님 앞에서 3년간 회개의 시간을 거치게 된다. 그로 인해 상처를 받았던 이들에게도 용서를 구했다.

다시는 시작할 수 없을 것이라고 생각했는데 어느새 그 죄에서 벗어나 새롭게 출발할 수 있다는 소망이 깃들기 시작했다. 만일 다시 시작할 수 있게 된다면, 예전의 자리에 되돌아 올 수만 있다면, 예배당 한 구석에서 자기처럼 처절하고 부서진 마음으로 예배당을 찾아온 사람들에게 소망을 전하겠다고 결심하였다. 이후 새로운 기회가 찾아와 그는 다시 시작할 수 있게 되었고 25년이 흐른 지금까지 그 결심대로 살아가고자 노력하고 있다.

한때 전 세계를 떠들썩하게 했던 미국 대통령의 혼외정사 사건이 있었다. 그 사건의 당사자인 클린턴 대통령은 이후 전문가의 상담이 필요했는데 그 상담 역할을 고든 맥도널드 목사가 하게 된다. 처절한 실패감을 딛고 다시 시작했던 그이기에, 다른 실패자에게 다가가 새롭게 시작할 수 있도록 도울 수 있었다.

우리의 무력함과 나약함으로 죄에 무너질 때가 있다. 오죽했으면 성자라고 칭하는 사도 바울도 원치 않는 죄를 저지르는 자신을 향해 '죄인 중에 괴수'라고까지 했겠는가? 죄를 짓는 것이 당연하니 어쩔 수 없다는 것이 아니다. 죄를 짓고 나서가 문제다. 같은 실패에 넘어지지 않기 위해 제대로 된 처리 과정이 필요하다는 것이다.

죄에 넘어진 후 우리에게 필요한 것은 자학이 아니라 회개다. 자학은 무너진 나를 더 무너뜨릴 뿐이다. 회개는 다시 출발할 수 있도록 돕는다. 실패와 실수로 무너졌어도 그분 앞에 다시 다가서서 때로는 조용하게, 때로는 격정적으로 그 과오를 빌자. 다시 시작할 수 있도록……. 진정한 회개가 이뤄졌다면 다시는 같은 실패에 넘어지지 않을 것이다. 다윗이 더 이상 우리아의 사건을 되풀이하지 않았듯이 말이다.

15.
믿었던 이에게 배신을 당했다

나를 조롱한 자가 내 원수였다면 내가 그것을 참을 수 있었으리라.
나에게 거드름을 피우는 자가 나의 대적이었다면 내가 그를 피하여 숨을 수 있었으리라. 그러나 그는 바로 너였다. 나의 동료요 나의 동무이며 나의 가까운 친구가 아닌개(다윗의 시 55:12, 13/현대인의성경)

믿는 도끼, 아히도벨

'사람은 사회적 동물'이라는 아리스토텔레스의 말처럼 우리는 살면서 수많은 인간관계를 맺으며 살아간다. 태어나면서 가족이라는 관계가 형성되고 이어 성장하는 동안 학교, 직장, 그 외 몸담은 공동체를 통해서 그 관계의 폭은 끊임없이 확장된다. 그런 그들이 있어, 지치고 힘들 때 위로와 격려가 되고, 혼자가 아니라는 사실에 큰 위안을 얻는다. 하지만 그토록 의지하던 관계가 한순간에 어그러지기도 한다. 어제 나와 함께 울고 힘이 되던 그 고마운 이가 오늘 갑자기 내게 등을 돌려 돌변하는 것이다.

다윗도 그랬다. 사울에게 쫓기던 도망자 시절부터 왕조를 건국하여 나라를 세워가는 세월 동안, 그의 옆에는 슬플 때 같이 울어주고 기쁠 때 같이 기뻐해주던 오랜 벗들이 있었다. 하지만 다윗은 친형제처럼 동고동락한, 절대적 신뢰를 가졌던 그들에게 배반을 당했다. 가장 믿었던 이들이 다윗의 등 뒤에다 비수를 꽂은 것이다.

다윗의 아들 중 극단적 야심가였던 압살롬은 아버지 다윗에게 많은 불만을 지니고 있었다. 특히 이복 형 암논이 친누이 다말을 범하여 궁정을 발칵 뒤집어 놓았음에도 침묵하는 아버지의 모습은 큰 실망을 주었다. 이는 가정뿐만 아니라 나라를 뒤엎을 만한 앙심을 품게 된 도화선이 되었다. 압살롬은 긴 시간을 거쳐 서서히 발화를 준비했으며 아버지를 몰아내고 자신이 직접 왕의 자리에 오르는 폭발을 했다.

자식이 이런 역모를 계획하고 있었다는 사실만 해도 다윗에게는 큰 충격이었을 텐데 이것은 예고편에 불과했다. 이 쿠데타를 치밀하게 비밀리에 조직하고 그 뒤에서 책사 역할을 주도하던 인물이 다름 아닌 아히도벨이었기 때문이다. 그는 국가로부터 위임된 공식적 다윗의 책사였다. 국가의 공인된 왕의 책사가 수년간 압살롬과 작당하여 역모를 꾀하였다. 아히도벨은 국가의 수많은 고급정보를 꿰고 있었다. 그 정보를 압살롬에게 제공하며 다윗이 모르도록 아주 치밀하게 역모를 꾸몄다.

일이 다 터진 다음에야 모든 정황을 파악하게 된 다윗은 황당하기 그지없었다. 자식 놈도 자식 놈이지만 그 벗이 그럴 줄은 몰랐기 때문이다. 오랜 시간 다윗이 의지하였고 무한히 신뢰하던 친구였다. 함께 우정을 나누며 어제 오늘 있었던 일들의 깊은 속내를 털어 놓으며 내일의 나라 살림과 미래를 꿈꿨다. 죽을 때까지 함께하고 싶은 동료였고 서로 이야기를 나눌 때마다 의지가 되어 마치 죽은 절친 요나단이 생각나 흐뭇해졌을지도 모른다. 그러나 그 모든 것이 자신의 등에 비수를 꽂기 위한 계획적인 가식이었고, 역모를 막지는 못할망정 함께 작당한 사실이 밝혀지니 다윗은 속이 뒤집히고 미칠 지경이었다. 차라리 원래부터 원수였던 자가 그랬다면 어떻게든 견뎌보겠지만 그토록 신뢰했던 벗이 그랬다는 사실은 패닉 그 자체였다.

나를 조롱한 자가 내 원수였다면 그것을 참을 수 있었을 것이다. 나에게 거드름을 피우는 자가 나의 대적이었다면 내가 그를 피하여 숨을 수 있었을 것이다. 그러나 그는 바로 너였다. 나의 동료요, 나의 동무이며 나의 가까운 친구가 아닌가? 비둘기처럼 날개를 가졌다면 이 미칠 것 같은 현실로부터 훨훨 날아 사막에 가는 편이 더 나을 듯했다. 물도 없고 적막하고 뜨거운 사막이지만 차라리 거기가 더 나을 것 같았다. 하지만 그것이 불가능하기에 다윗은 울분을 토하며 기도한다. 배신자의 혀를 갈라버리고 파멸시켜 달라고 말이다.

두려움과 떨림이 나를 둘렀으니 내가 무서운 공포에 사로잡히는구나. 내가 비둘기처럼 날개가 있다면 날아가서 편히 쉴 수 있을 텐데. 내가 날개가 있다면 멀리 날아가 광야에서 안식할 것이며 빨리 피난처를 찾아서 폭풍과 광풍을 피할 수 있으리라. 여호와여, 악인들을 당황하게 하시고 그들의 말을 혼란하게 하소서. 내가 성 안에서 폭력과 투쟁이 있음을 보았습니다. 그들이 밤낮 성벽 위를 돌아다니므로 성 안에는 죄악과 악습이 도사리고 있습니다(다윗의 시 55:5-10/현대인의성경).

무엇보다 다윗을 더 미치게 만든 일은, 집권한 권력을 강화시키고자 방법을 찾던 압살롬에게 아히도벨이 사주한 내용이었다. 바로 아비의 첩들과 백주대낮에 공공장소에서 성관계를 맺도록 한 것. 자식에게 있을 수도 없고 있어서도 안 되는 패륜을 저지르도록 아이디어를 낸 정치 베테랑의 이 잔혹함은 다윗뿐만 아니라 모든 이를 경악하게 했다.

아히도벨이 압살롬에게 이르되 왕의 아버지가 남겨 두어 왕궁을 지키게 한 후궁들과 더불어 동침하소서 그리하면 왕께서 왕의 아버지가 미워하는 바 됨을 온 이스라엘이 들으리니 왕과 함께 있는 모든 사람의 힘이 더욱 강하여지리이다 하니라(삼하 16:21).

이 소식을 들었을 때 얼마나 치욕스러웠을까? 책사로 삼을 정도로 깊은 속내까지도 교류하던 친구가, 그 친구의 아들에게 영원토록 세상의 조롱거리가 될 그 같은 패륜을 저지르게 하다니 말이다. 누구라도 다윗의 입장이었다면 정신이 나가 버렸을 것이다.

평범한 진리

우리는 살면서 배신을 종종 경험한다. 그것도 믿고 사랑했던 이들로부터 말이다. 어린 시절부터 우정을 나누던 친구에게서, 같이 사는 배우자에게서, 자녀들 또는 부모에게서 이를 겪기도 한다. 설사 지금은 아무런 문제가 없다고 할지라도 어떤 상황에 부딪히게 되면 서로 반목하는 일이 벌어지지 않으리라고 장담할 수 없다.

이처럼 사람은 믿음의 대상이 될 수 없다. 그 어느 누구도 말이다. 태어나면서부터 많은 죄성을 갖고 태어나는 인간일진데 어찌 그 불완전한 사람을 믿고 의지하며 우리네 인생을 맡기며 살 수 있겠는가!

다윗은 도무지 이해할 수 없었다. 오늘 자신을 배반한 이가 어제 우정을 두텁게 나누던 친구였다는 사실이……. 그래서 얼마간은 패닉에 빠져 있었다. 허무함과 배신감이 마음을 후벼 팠고 크게 상심이 되었다. 그러나 다윗은 이내 깨닫기 시작한다. '사람은 믿음의 대상이 될 수 없다' 는 평범한 진리를 말이다.

강력한 왕조를 세우는 동안 다윗에게는 인재들이 필요했다. 그 인재들이 나라를 더 부강하고 강성하게 만든다는 사실을 경험으로 알고 있었기에 말이다. 그래서 자질 좋고 지혜로운 인재들을 과감히 등용하였다. 나라를 함께 이끌어 가도록 비전을 함께 공유하였다. 그들을 우대해 주었다. 함께 가자고 하면 가고, 서자고 하면 설 정도로 인재들과 소통하였다. 좋은 일이다. 시간이 흐를수록 그들을 향한 믿음과 의존도가 커져가기 시작한 것만 빼고 말이다. 하나님보다 사람을 더 믿었다. 서로 속 깊은 이야기를 나누며 서로의 철학을 공유하였기에 다윗은 그들이 무엇보다도 든든했다. 예전처럼 하나님을 매번 의지하지 않았다. 다윗이 아히도벨을 깊이 의지한 것은 이러한 신뢰가 바탕이 되었다.

그러나 이제 다윗은 믿음의 대상, 신뢰의 초점을 하나님께 맞추기 시작한다. 얼마간 빗나갔던 그 초점 렌즈를 다시 하나님으로 재수정했다.

……나는 주를 의지하리이다(다윗의 시 55:23).

사람은 믿음의 대상일 수 없다. 사랑의 대상일 뿐이다. 우리가 하나님보다 사람을 의지하고 그들을 믿는 즉시, 사소한 부분에서도 실망과 배신감은 더 크게 다가오고 말 것이다. 그가 누구든 하나님보다 그를 의지하고 신뢰하는 즉시 하나님을 향한 신뢰는 반비례할 것이다. 다윗과 같은 아픈 경험이 있다면 이제는 아파하는 것을 멈추고 다윗의 방법으로 돌아갈 때다. 기도로 마음을 안정시키고 하나님께 맡길 때다.

네 짐을 여호와께 맡겨 버려라. 그가 너를 붙드시리라. 그는 의로운 자들이 넘어지는 것을 허락하지 않으실 것이다(다윗의 시 55:22/현대인의성경).

그 사람이 여전히 밉다면 그만큼 그를 믿었기 때문일 것이다. 믿은 만큼 배신감도 비례하기 마련이니……. 예수 그리스도는 인간의 처절한 배신 속에서도 그들을 원망하거나 저주하지 않았다. 십자가에서 악랄하게 구는 군인들에게 오히려 하나님의 자비를 구하였다. 부활한 이후에 배반한 제자들을 다시 찾아가 기꺼이 용서하고 재도약의 기회를 주셨다. 어떻게 그것이 가능했을까? 그 상황에서 어찌 감정적으로 그들을 대하지 않고 폭넓은 관용을 베풀 수 있었던 것일까? 어떻게 그분은 배신감이라는 말을 한마디도 올리지 않으셨던 걸까?

사람을 신뢰한 것이 아니라 하나님을 절대적으로 신뢰하셨기 때문이다. 사람에게 기대한 것이 아니라 하나님께 절대적 기대를 갖고 있었기 때문이었다. 그렇기에 누구를 원망할 일도 미워할 일도, 아무리 믿는 도끼에 발등을 찍혀도 믿는 도끼에 배신감을 갖지 않을 수 있었다. 예수 그리스도에게 그들은 믿음의 대상이 아니라 사랑의 대상이었다.

16.
가정이 무너졌다

왕이 그의 얼굴을 가리고 큰 소리로 부르되 내 아들 압살롬아 압살롬아 내 아들아 내 아들아 하니(삼하 19:4).

다음은 한 오락 프로그램에 소개된 어느 초등학생의 시다.

엄마가 있어 좋다. 나를 이뻐해주어서.
냉장고가 있어 좋다. 나에게 먹을 것을 주어서.
강아지가 있어 좋다. 나랑 놀아주어서.
아빠는 왜 있는지 모르겠다.

단순히 웃어넘길 수만은 없는 내용이다. 가정을 든든히 이끌어야 할 아버지의 위치가, 초등학생 아이에게는 냉장고나 강아지보다도 못한 존재라니 말이다.

가족에 대한 가치관이 이전과는 확연히 달라지고 있다. 특히 부모의 불행한 결혼생활을 보고 자란 자녀들이 결혼 적령기를 늦추거나 아예 하지 않는 경우가 많으며, 결혼을 하더라도 서로 인내하며 가정을 세워 나가기보다는 쉽게 이혼하는 경우가 잦다. 우리나라의 이혼율은 OECD 국가 중 세계 1, 2위를 다툴 정도라 한다. '돌싱남, 돌싱녀' 라는 말을 들어 봤는지? 돌아온 싱글남과 돌아온 싱글녀, 이혼하고 혼자 사는 남녀를 일컫는 표현이다. 나름의 말 못할 사정과 이유는 있겠으나 현시대의 가정은 이런 신조어가 양산될 정도로 상당한 위기에 봉착했다.

'가화만사성', 가정이 화목하고 단란해야 다른 일들도 잘 풀리듯 모든 일의 시작이 가정에서부터 시작된다는 옛말이다. 그만큼 가정의 중요성은 어제 오늘의 일만이 아니라 오랜 시간 동안 추구해온 인생의 중요한 가치였다. 성경도 그러하다.

> 누구든지 자기 친족 특히 자기 가족을 돌보지 아니하면 믿음을 배반한 자요 불신자보다 더 악한 자니라(딤전 5:8).

주님께서 말씀하신 사랑은 모든 이를 향한 보편적 사랑을 말하는데, 이런 사랑을 전하는 자들이 자신의 가족도 제대로 돌보지 않으면서 하나님의 사랑 운운하는 것은 앞뒤가 맞지 않는다는 것이다. 성경은 이를 좀 더 강하게 이런 사람은 믿음을 배반하였고, 불신자들보다도 더 악하다고 말씀한다.

15년 가까이 교역자로 사역하면서 이런저런 이유로 가정이 나눠지게 되는 경우를 숱하게 많이 봐왔다. 어떤 경우는 교회 내에서 부모 둘 다 독실하기로 유명하지만 막상 그 자녀와 대화를 해보면 불신자 가정보다도 부모로부터 받은 상처가 깊었다. 그렇게 많은 예배와 말씀을 접했으면서도 그 실천의 장이 가정에서부터 이뤄지지 않은 것이다. 성경에서도 보면 가정이 제대로 서지 못해서 얼마나 많은 비극적 일들이 양산되었는지 모른다. 다윗의 가정 또한 그랬다.

허물어져만 가는 가정

다윗의 다사다난한 삶만큼이나 그 가정 또한 다사다난했다. 이 같은 배경에는 다윗이 여러 아내를 둔 탓이 컸다. 당시에는 왕이 첩을 삼는 것이 어느 정도 용인되는 분위기이기는 했지만, 하나님만을 보고 더욱더 하나님 보시기에 건강한 가족 공동체의 본을 보여야 하는 왕 다윗이 그의 아내들을 얻는 과정들은 석연치 않았다.

다윗이 헤브론에서 아들들을 낳았으되 맏아들은 암논이라 이스르엘 여인 아히노암의 소생이요 둘째는 길르압이라 갈멜 사람 나발의 아내였던 아비가일의 소생이요 셋째는 압살롬이라 그술 왕 달매의 딸 마아가의 아들이요 넷째는 아도니야라 학깃의 아들이요 다섯째는 스바댜라 아비달의 아들이요 여섯째는 이드르암이라 다윗의 아내 에글라의 소생이니 이들은 다윗이 헤브론에서 낳은 자들이더라(삼하 3:2-5).

이 외에도 다윗의 아내는 사울의 딸인 미갈과 불손한 과정을 거치며 얻게 된 밧세바까지 공식적으로만 8명이었다. 왕의 위치라는 것을 감안해 비공식적으로도 첩을 두었다면 그 이상이 된다. 문제는 여러 명의 부인에게서 얻은 자녀들이 성장하면서, 가정과 국가를 뒤흔들어 버리는 원흉이 된 점이다. 특히 첫째 부인의 장남 암논과 셋째 부인의 아들 압살롬, 두 이복형제의 피비린내 나는 혈전이 그러했다.

다윗은 여러 명의 부인에게서 아들뿐만 아니라 딸도 두었다. 특별히 압살롬의 누이 동생인 다말은 조신하고 아름다워서 누가 봐도 궁중의 공주로서 손색이 없을 정도였다. 압살롬과 다말은 친남매였기에 그 우애가 상당히 돈독하였다. 아마 여러 이복형제 사이에서 공공연하고 또 은밀하게 형성되는 궁중 경쟁 구도 속에서 친여동생인 다말과는 순수하게 남매의 애를 키웠을 성싶다.

그런데 사랑하는 여동생의 인생을 한순간에 망치는 일이 일어났다. 첫째 부인의 장남 암논이 다말을 강간한 것이다. 왕궁이 발칵 뒤집힐 만한 사건이었다. 아무리 이복남매지만 오빠가 여동생을 강간한 것인데 보통 심각한 일이 아니었다. 다윗이 밧세바를 범한 사건만큼이나 역사에 남을 사건이었다. 더 심각한 것은 암논이 다말을 강간한 이후에 그가 취한 태도이다.

> 그런 다음에는 다말에 대한 그의 사랑이 증오로 돌변하여 암논은 다말을 사랑할 때의 그 사랑보다 더한 증오심으로 그녀를 미워하여 여기서 썩 나가! 하고 소리쳤다(삼하 13:15/현대인의성경).

다말이 없으면 못 살겠다고 그 난리를 치더니 욕정을 해결하고선 그녀를 길가의 윤락녀보다도 못하게 내쳐버린 것이다. 암논, 그는 인간이 지녀야 할 가장 기본적인 인격조차 가지지 못했던 자였다. 성적 욕구를 채우고 난 후에 오히려 그만큼 더 혐오하고 싫어하는 이런 심리상태를 흔히 변태 성욕자들에게서 보게 되는데, 암논이 그런 성향을 지녔을 것이라고 의심하는 주석가도 있다.

그 소식을 접한 압살롬은 분개했다. 친동생이 이런 망측한 일을 당했는데 오빠로서 어찌 가만 있을 수 있는가? 그의 입장이었다면 누구라도 그러했을 것이다. 더군다나 암논이 자신의 잘못을 뉘우치기는커녕 마치 아무 일도 없었다는 듯이 왕궁에서 한가히 거니는 모습을 지켜 볼 때 압살롬이 무슨 생각을 하였을지는 훤하다. 죽이고 싶은 충동이 계속 일어났을 것이다. 압살롬은 이 사건에 대한 앙심으로 암논과는 말 한마디 섞지 않았다고 한다.

> 그리고 압살롬은 암논이 자기 동생 다말을 욕보인 일로 그를 미워하여 그와 일체 말을 하지 않았다(삼하 13:22/현대인의성경).

그가 암논과 말을 하지 않은 것은 상대하지 않겠다는 것이 아니라 기회를 벼르고 있는 것이었다. 일이 이 지경이 될 정도로 심각한데 무엇보다 더 심각했던 것은 아버지 다윗의 태도였다. 그는 이 사실을 듣고서 이렇게 반응했다.

다윗 왕이 이 모든 일을 듣고 심히 노하니라(삼하 13:21).

이것이 끝이었다. 다윗은 암논의 해괴한 범죄에도 불구하고 크게 한 번 화내고 말아 버린 것이다.

"망나니 녀석 같으니, 어떻게 그런 짓을 할 수 있어? 자기 동생에게!"

사실 이도 암논에게 화를 낸 것인지 그 소식을 듣고 혼자 그 분을 삭인 것인지 분명하지도 않다. 다윗은 암논을 불러다 훈육조차 하지 않은 것으로 보인다. 70인역 성경(가장 오래된 헬라어 구약성서)을 참고하면 이 주장이 좀 더 설득력을 얻는데 '그가 사랑하는 장남이어서' 라고 기록한다. 앞으로 왕권을 이을 혈통이기에 암논을 감싸고 돌았다는 말이다. 이는 암논이 이런 범죄를 저지르고도 태연할 수 있었던 배경의 단초를 발견하게 해준다.

암논의 이런 행동 뒤에는 다윗이 자녀를 키우는 방법에 심각한 결점이 있었으며, 자식이 엉터리 인격의 소양을 가질 때까지 아버지로서 가정을 제대로 돌보지 못했음을 추측하게 한다. 무슨 짓을 해도 오냐오냐 하는 부모였거나 너무 바빠 무책임하게 가정을 방임했거나…….

더하여 다말도 그의 자식이었다. 열 손가락을 깨물어 안 아픈 손가락이 어디 있나? 장남과 그냥 딸은 다른 건지, 이렇게 차별을 해도 진정 아버지라고 할 수 있는지……. 똑같이 작은 손을 오므리고 태어나 자라나면서 부모에게 재롱을 피우고, 말을 배우고 걷기 시작하면서 "아빠! 엄마!"를 옹알이하듯 외치던 딸이었다. 그 딸에게 그처럼 엽기적인 일이 일어났는데 어떻게 이런 식으로 문제를 덮는단 말인가!

아무리 가정 내에서 일어난 일일지라도 어떻게든 공의로운 처벌을 했어야 했다. 아니 가정이기에 더욱더 공의로워야 했다. 그러나 다윗은 이후에 어떠한 조치도 취하지 않은 채 상황을 덮어두려고만 하였다. 방임형 가장의 모습을 여실히 보여줄 뿐이었다.

압살롬의 분노가 쌓이다

그렇게 2년이라는 시간이 조용히 흘러갔다. 마치 모든 사건이 잊히듯이 말이다. 허나 2년이라는 시간은 휴화산의 시간이었다. 다윗은 이때도 전혀 그 감을 잡지 못했다. 시간이 흐르는 동안 이복 형 암논에 대한 압살롬의 적개심이 가족으로서의 범위를 넘어섰다. 압살롬에게 암논은 더 이상 가족도 아니었고 한 인간으로 봐줄 수도 없는 역겨운 존재였다.

압살롬은 생각했다. 판단력이 흐린 아버지께 맡겨봤자 아무 소용없으니 자신의 손으로 저 녀석을 해치우겠다고 말이다. 마침내 사건 발생 후 2년간 암논을 시해하기 위한 철저한 계획이 완성되었다. 양털 깎는 절기를 맞아 열리는 이스라엘의 전통 잔치 중에 거사를 진행하기로 한 것이다. 가족이 가족을 죽이는 천인공노할 살인 계획이었다. 압살롬이 잔치에 암논을 초대해놓고서, 그가 술에 취해 정신을 놓자 그 자리에서 바로 살해한 것이다.

가정 내의 성범죄에 이어 살인 사건이 벌어졌다. 왕가의 가정이며 신앙의 가문에서 일어날 수 없는 일들이 또다시 일어났다. 암논이 압살롬에 의해 살해되었다는 소식에 다윗은 옷을 찢고 드러누워 괴로워하였다고 한다(삼하 13:31). 자식 잃은 그 슬픔이 얼마나 극심하였으면 옷을 찢고 드러누웠겠는가? 그 자리에 있었다면 다윗의 그 괴로움에 어느 누구도 깊이 통감하지 않을 수 없을 것이다.

그러나 그다음이 없었다. 어떻게든 이 사태를 정리해야 했는데 그 부분이 빠졌다. 일에 관해서는 그렇게 철두철미한 그가, 유독 가정 문제에 대해서는 어떻게 할 줄 몰라 우물쭈물하는 무능한 아버지의 모습만을 보여준다. 이번에도 그러했다. 암논이 다말에게 범죄했을 때와 마찬가지로 감정적으로 화내고 슬퍼하기만 할 뿐 어떻게 이 무너진 가정을 세울지 고민하거나 조치를 취하지 않았던 것이다.

그 사이에 사고를 친 압살롬이 (본인도 무사하지 못할 것을 감지했는지) 달매가 있는 그술로 도망을 갔음에도 여전히 방임하였다. 가장으로서의 다윗의 미온적이고 불분명한 태도가 점점 그의 가정을 파탄에 빠져들도록 만든 것이다.

압살롬은 도망하여 그술 왕 암미훌의 아들 달매에게로 갔고(삼하 13:37).

달매는 압살롬의 외할아버지였다. 외가에서 3년을 머물었는데 과연 거기서 외할아버지에게 어떤 영향을 받았을까? 이후 압살롬의 행동들을 보면 좋은 영향은 받지 못한 것으로 보인다. 형 암논을 죽인 후 압살롬이 그술로 가서 두문불출하는 동안 이 충격적인 사건도 잠잠해졌다. 물론 여전히 회자될 만한 사건이기는 했지만 압살롬이 그술에 있는 동안 다윗의 감정도 한 해, 두 해를 넘어가면서 전보다는 많이 누그러졌다. 오히려 다윗은 압살롬에 대한 연민이 생길 정도였다.

다윗 왕은 죽은 아들에 대한 슬픔을 거의 잊고 이제는 그 마음이 압살롬을
향하여 그리워하고 있었다(삼하 13:39/현대인의성경).

아무리 그래도 자식인데 아비의 마음이 모질지 못한 걸 이상하게 볼
수는 없지 않은가? 이런 다윗의 마음은 주변인들에게도 드러나 보일 정
도였다. 사건이 벌어지고 3년 정도 되었을 때 다윗은 압살롬을 다시 집
으로 불러들이기로 결정했다. 물론 이런 경위에는 최측근 장군으로서
왕의 마음을 읽었던 요압의 공도 있었지만, 우선은 아비 다윗이 자식을
그리워하는 마음이 있었기에 가능했다. 여기까지 보면 이젠 다윗이 뭔
가 무너진 가정을 일으켜 세우고 회복으로 들어갈 준비를 하는 것처럼
보이기도 한다.

압살롬의 분노가 폭발하다

그러나 다윗은 또다시 실망스런 모습을 보인다. 압살롬을 데려왔지만
다윗은 2년간 압살롬과 말 한마디도, 아니 만나는 것조차 꺼린 채 자식
과 또다시 벽을 쌓았다.

그러나 왕은 그를 자기 집에 가서 머물러 있게 하고 내 앞에 나타나지 못하
게 하라. 내가 그를 보고 싶지 않다 하였다. 그래서 압살롬은 자기 집으로
가서 왕 앞에 나타나지 않았다(삼하 14:24/현대인의성경).

불러들일 때는 언제고 막상 압살롬이 돌아오자, 다윗은 그와 아예 얼

굴도 마주하지 않았다. 갈팡질팡하게 자녀를 대하는 이런 다윗의 태도는 압살롬을 더 헷갈리게 만들었다. 지금까지 다말의 사건 후 2년, 암논의 사건 후 3년, 총 5년 동안 아버지와의 대화가 단절되었는데 그 5년이 모자라서 또다시 기나긴 시간의 장벽이 형성되었다.

과연 이 5년이라는 시간 동안 압살롬은 무슨 생각을 하며 지냈을까? 5년이라는 시간의 장벽이 흐른 후, 아버지의 부름에 압살롬은 어떤 마음으로 돌아왔을까? 그리고 돌아왔지만 아버지의 거듭되는 외면에 무슨 마음을 가졌을까? 다음 행동을 보면 압살롬이 당시 지녔던 생각을 추측할 수 있다.

집에 돌아왔지만 만나주지도 않고 자신을 투명인간 취급하는 아버지의 냉대로 숨이 막힐 것 같았다. 무려 그 시간이 2년이나 더 지속되었다. 도합 7년이다. 아버지와 대화다운 대화를 해본 지가 말이다. 상처입은 채로 아버지의 사랑을 받지 못하고 7년 동안 자란 자식의 자의식이 과연 제대로 형성될 수 있었을까?

아버지 다윗의 외면이 한량없이 길어지자 압살롬은 요압에게 끊임없이 간청했다. 아버지와 만나고 싶다고 말이다. 하지만 요압조차 압살롬과 만나주지 않았다. 답답했던 압살롬은 하인들을 시켜 요압의 밭에 불을 질러 버렸다. 그렇게 하면 화가 난 요압이 자신에게 따지러 올 것이라 생각했기 때문이다.

그러자 요압이 압살롬에게 가서 "당신의 하인들이 어째서 내 밭에 불을 질렀습니까?" 하고 따져 물었다. 그때 압살롬이 대답하였다. "내가 당신을 부른 것은 당신을 왕에게 보내 왕이 나를 볼 생각이 없었다면 무엇 때문에 나를 그술에서 데려왔는지 한번 물어 봐 달라고 부탁하고 싶었기 때문이오. 내가 차라리 그 곳에 머물러 있었더라면 좋을 뻔하였소. 이제 나를 왕과 좀 만나게 해 주시오. 만일 나에게 죄가 있다면 왕이 나를 죽여도 좋소."(삼하 14:31, 32/현대인의성경)

따지러온 요압이 민망할 정도로 압살롬이 더 크게 따졌다. 죽이든지 살리든지 이제는 알아서 하라는 것이다. 자신을 투명인간 취급하는 아버지의 냉대에 얼마나 넌더리가 났으면 남의 밭에 불을 질러서까지 아버지와의 만남을 요원하였을까? 큰 죄를 저지른 압살롬이지만 이런 아버지 밑에서 사랑받지 못하며 지낸 것을 고려하면 측은하기까지 하다.

이런 마음이 통했던 것일까? 이후 요압의 중재로 압살롬은 극적으로 아비와 대면하게 된다.

그래서 요압이 왕에게 가서 압살롬이 한 말을 그대로 전하자 왕은 사람을 보내 압살롬을 불러오게 하였다. 그가 나아와서 얼굴을 땅에 대고 왕에게 절하자 왕은 그에게 입을 맞추었다(삼하 14:33/현대인의성경).

왕이 입을 맞춘다는 것은 관계의 회복을 의미하는 것이었다. 다윗은 이제야 마침내 압살롬을 향한 애증 섞인 감정을 내려놓고 다시 자식을 받아들이기로 결정했다. 참으로 7년이라는 많은 시간이 걸렸다. 이제야말로 부자지간의 해피엔딩으로 가는 듯했다. 그러나 그 입맞춤으로 그간 멀어졌던 자식과의 거리를 모두 회복한다는 것은 무리였다. 입을 맞췄다 하여 압살롬도 아버지에 대한 섭섭함과 원망을 내려놓았다고 생각한다면 오산이다. 이미 아비에 대한 마음이 갈라질 대로 갈라졌기 때문에 부자는 다시 어긋나기 시작한다. 전에는 다윗 편에서 벽을 쌓았다면 이제는 압살롬 편에서 벽을 쌓은 것이다.

압살롬은 진심이 아닌 가식적으로 아버지를 대하기 시작했다. 가슴에 칼을 품은 채로……. 전에 암논을 살해하기 위하여 계획을 세웠듯이 이제는 그 대상이 아버지를 향했다. 아버지를 처단하고 그 자리에 자신이 앉기를 희망했다. 7년 동안 이미 아버지를 향한 증오심이 암논만큼 커질 대로 커진 상태였기에 부모고 뭐고 보이지 않았다. 이후 4년간 치밀하게 역모를 준비하게 된다. 이로써 그가 왜 요압의 밭에 불을 질러서라도 아버지를 만나기를 원했는지 이유가 드러난다. 5년도 모자라 이후 2년간의 아버지와의 벽은 그에게 비뚤어진 욕망을 준비하게 한 것이다.

이후 4년 동안 압살롬은 아버지와 화해한 것처럼 자신을 꾸미고, 이에 아버지에게서 자신을 호위할 군사를 얻고 백성의 환심을 사기 위해 갖은 노력을 다했다. 백성이 절하면 왕자인 자기도 기꺼이 몸을 낮추어 붙잡아 일으키고 입을 맞추어 줄 정도였다. 상당한 오버 액션이기는 했지만 백성들은 큰 감동을 받았다. 이 전략은 이스라엘 민심이 압살롬을 향하는 데 아주 효과적이었다.

"자네 소문 들었나?"

"무슨 소문?"

"글쎄! 압살롬 왕자님께 누군가 절했는데 왕자님도 같이 엎드려서 일으켜 세워주었다는구먼. 너무 겸손하시지 않아?"

"아니, 그런 일이 있었어? 지금까지 그런 지도자는 보지 못했는데, 정말 백성을 아끼고 사랑하는 지도자네 그려. 왕이 될 만한 훌륭한 자질이 있으시네. 아버지보다도 나은 거 같아."

압살롬이 아버지보다 백성을 사랑하는 지도자라는 소문이 퍼지자 민심이 그에게 기울어졌다. 모든 민심을 자신에게 쏠리게 하는 이런 치밀한 준비 끝에, 드디어 압살롬은 젊은 시절 다윗이 그랬던 것처럼 헤브론을 거점으로 왕조를 세웠다. 이에 대해 전혀 알지 못했던 다윗은 엉겁결에 무방비 상태로 자식에게 쫓겨 다니는 신세가 되고 말았다.

> 전령이 다윗에게 와서 말하되 이스라엘의 인심이 다 압살롬에게로 돌아갔나이다 한지라 다윗이 예루살렘에 함께 있는 그의 모든 신하들에게 이르되 일어나 도망하자 그렇지 아니하면 우리 중 한 사람도 압살롬에게서 피하지 못하리라 빨리 가자 두렵건대 그가 우리를 급히 따라와 우리를 해하고 칼날로 성읍을 칠까 하노라(삼하 15:13, 14).

생각지도 못한 아들의 반역으로 다윗은 무너진 가슴을 안고 쫓겨 다닌다. 아래 구절은 그런 다윗의 심정이 더 잘 드러난다.

> 다윗이 감람산 길로 올라갈 때에 그의 머리를 그가 가리고 맨발로 울며 가고 그와 함께 가는 모든 백성들도 각각 자기의 머리를 가리고 울며 올라가니라(삼하 15:30).

자식에게 죽을까 하여 맨발로 도망가며 울고 있는 이 아비를 보라. 이보다 더 비참한 일이 인생 가운데 어디 있겠는가? 다윗은 너무나도 부끄럽고 창피하여 얼굴을 가리었다. 단지 부끄러움만 있었을까? 아니다. 자식에 대한 회한이 일어났을 것이다.

"내가 자식을 잘못 키웠구나. 내 탓이구나……."

다행히 압살롬 군사들의 내분과 간첩 역할을 했던 후새의 역할로 압살롬의 역모는 수포로 돌아갔다. 이에 다윗은 다시 왕궁의 안정을 취하고 복귀했지만 아들 하나를 또 잃어야만 했다.

> 왕이 손으로 얼굴을 가리고 계속 울면서 내 아들 압살롬아! 압살롬아! 내 아들아 내 아들아! 하고 부르짖자(삼하 19:3/현대인의성경).

다윗은 압살롬이 자신의 오른팔 요압에게 죽었다는 소식을 듣고 땅을 치며 후회한다. 다윗과 압살롬의 이 부분을 보면서 어떤 생각이 드는가? 사실 압살롬의 사건은 이미 예견된 것이나 다름없었다.

다말을 범한 암논과의 갈등으로 압살롬이 얼마나 많이 번민했겠는가? 과연 이대로 넘어가야 하는 것인지, 왜 아버지는 아무 말씀하지 않고 가만히만 계시는지, 이렇게 덮어만 놓고 가는 것이 최선인지……. 끊임없는 질문과 답을 구하였을 것이다. 그 2년 동안 압살롬에게 필요한 것은 아버지였다. 어떤 답변이라도 얻길 원했다.

그러나 다윗은 자식과 함께해주지 않았고 가족에게 성범죄를 당한 딸에 대해서도 함구했다. 아무런 일도 없었다는 듯이 말이다. 궁에서 벌어진 사건이 백성들에게 알려지기라도 하면 지지가 급락할 것 같아서 그랬던 것인지, 아니면 하도 신경 쓰고 처리할 일이 많은 워커 홀릭 아버지라서 그랬던 것인지 정확한 이유야 알 수 없다. 하지만 다윗이 이 문제들을 그냥 넘어가고 덮어두었다는 데는 이견이 없다. 그 안에서 점점 상처들이 곪아 터지고 있음에도 말이다.

압살롬이 사고를 치고 3년 동안 도피 생활을 할 때, 다윗은 그래도 자식이라고 압살롬에게 측은한 마음이 들었지만 그저 마음만 졸일 뿐 시간만 흘려보냈다. 더욱 이해할 수 없는 것은 이후 다시 집으로 돌아온 압살롬을 2년간 보지 않고 외면한 점이다. 다윗의 이런 행동을 어떻게 해석해야 할지 보는 우리도 갑갑하고 헷갈린다. 안 보면 보고 싶고, 보니까 꼴 보기 싫은 것인가?

이런 다윗의 불분명한 우유부단함으로 압살롬은 계속 아버지와의 대화가 단절되었고, 아버지를 향한 불신과 증오가 더욱더 불탔다.

"그래! 어차피 나는 버림받은 자식이니 이 나라를 뒤집어 버리겠어."

이후 4년간 이 나쁜 씨가 자라서 나쁜 열매를 맺는 데 장장 11년이 걸렸다. 도대체 다윗은 뭐가 그렇게 바빠서 아들이 집안을 말아먹는 괴물이 될 동안 중재 하나 제대로 못한 걸까? 그 11년간 그리도 바빴단 말인가? 국정에 목숨 걸고 일하느라 가정을 돌볼 시간이 없었단 말인가? 뭐가 그리도 더 중요한 일이 있었기에, 그 필요한 때에 진정 아버지가 되어주지 못했던 것일까?

우리의 가정생활을 돌아보라

요즘 '묻지마 폭행, 묻지마 살인' 처럼 어떤 연유와 개연성 없이 범죄를 저지르는 반사회적인 사람들로 인해 종종 세상이 떠들썩하다. 이들을 일컬어 '소시오패스' 라고도 하는데, 라이오넬 슈라이버의 『케빈에 대하여』라는 소설에 보면 왜 이런 인물들이 이 사회에서 활보하게 되었는지 그 원인이 가정에 있었다는 힌트를 얻게 된다.

자유분방한 삶을 살다 갑작스레 아이를 임신하고 낳게 되면서, 어머니 에바는 아들 케빈과 인격적 교감 없이 가정이라는 겉 울타리만 쳐 놓고 지낸다. 엄마와 대화다운 대화 한 번 하지 못하고 자란 케빈은 반사회적이고 폭력적인 성향으로 성장한다. 급기야 아무 이유 없이 살인을 저질러서 사회적 파장을 일으키는 인물이 되기에 이른다. 성장기에 잘못 형성된 자아로 점점 인간이 아닌 괴물로 변해가는 케빈의 모습 속에서 압살롬의 모습이 문득 보이는 것도 무리는 아니다.

압살롬이 처음부터 그러지는 않았을 것이다. 하지만 대화와 인격적 교감이 없는 성장기 시절을 보내고, 불의한 현실 앞에서도 무관심한 아버지의 태도에 압살롬의 자의식은 망쳐질 대로 망쳐졌다. 11년 후 가정과 나라를 발칵 뒤집는 패륜적 범죄를 저지른 것을 보면 위에서 언급한 케빈과 상당한 연관점이 보이기도 해서 씁쓸하다.

가족은 인격적 사랑과 교감의 장이다. 그 교감을 이어 주는 것이 대화다. 때론 대화를 하다가 다투는 경우도 있고 대화가 중단되기도 하지만 대화를 통해서 서로 간의 이해점을 발견하기도 한다. 압살롬과 아버지 다윗의 대화가 단절된 7년, 그리고 이후 4년은 다윗의 가정을 좀먹는 원인이었다. 이로써 건강한 가정은 인격적 교감이 일어날 수 있는 대화의 장이 '있고, 없음' 의 차이임을 깨닫게 된다.

더하여 중요한 것은 대화의 내용이다. 엄마는 드라마, 자식은 게임, 아버지는 회사에서 있었던 일로만 머리를 가득 채우고 서로 동상이몽의 대화를 하면 그 길이 보일까? 부모가 자식을 볼 때 시험 성적 외에는 관심이 없고, 그것이 대화의 주 내용이라면 단절이 일어날 수밖에 없을 것이다. 적어도 그리스도인 가정이고 하나님이 주인으로 다스리시기를 바라는 가정이라면, 영적인 이야기로 대화의 활로를 열어야 할 것이다.

하나님의 가정을 세우기 위해서는 대화의 내용도 신앙적이어야 한다. 단지 가족의 이야기를 듣고 나누는 것이 전부가 아니다. 우리는 세상이 말하는 행복한 가정을 넘어서는 하나님의 가정이 목적이다. 세상의 가치관에 길들인 행복한 가정은 그 주인공이 자신이다. 그러나 하나님의 가정은 하나님이 주인이고 하나님의 말씀에 가족 구성원들이 함께 순종하며, 주어진 사명을 이루도록 서로 도와 가며 사는 것이다.

그렇기에 부모가 먼저 하나님의 말씀에 영적으로 깨어 있어야 한다. 그리할 때 자녀들과 영적인 대화를 나눌 수 있게 되고 그 자양분을 통해 자녀들은 영적인 자녀들이 된다. 부모가 영적인 부분을 도외시하며 세상의 가치관으로 대화하는데 어찌 하나님의 자녀들로 성장할 수 있겠는가? 가정교육이 중요하다고 하지만 진정 그 교육은 영적이어야 하는 것이다. 하나님 중심적이어야 한다.

만일 다윗이 자식들을 모아 놓고 가족 간에 하루에 있었던 일을 나누고 말씀으로 서로를 치유하였다면 어땠을까? 다윗의 가정만이 아니라 이스라엘 역사의 지평까지도 달라졌을 것이다. 다윗이 압살롬, 다말, 암몬을 불러다 놓고 허심탄회하게 속마음을 터놓는 시간을 가졌다면, 단 한 번만이라도 자식들의 손을 붙잡고 눈물을 흘리며 기도로 다가갔다면 그의 가정이 이렇게까지 극단으로 치닫지 않았을 것이다.

지금 내가 속한 가정은 정말 위에서 내려오는 영적인 사랑의 나눔이 있는가? 어제 무슨 대화를 나눴는가? 그 대화 속에 어떤 교감이 있었는가? 가족이 소중하다면 대화를 소중하게 여길 줄 알아야 한다. 대화를 소중하게 여기지 못하고서는 하나님의 가정을 이룰 수 없다.

17.
병에 짓눌렸다

여호와여 내가 수척하였사오니 내게 은혜를 베푸소서 여호와여 나의 뼈가 떨리오니 나를 고치소서 나의 영혼도 매우 떨리나이다 여호와여 어느 때까지니이까 여호와여 돌아와 나의 영혼을 건지시며 주의 사랑으로 나를 구원하소서 사망 중에서는 주를 기억하는 일이 없사오니 스올에서 주께 감사할 자 누구리이까 내가 탄식함으로 피곤하여 밤마다 눈물로 내 침상을 띄우며 내 요를 적시나이다 내 눈이 근심으로 말미암아 쇠하며 내 모든 대적으로 말미암아 어두워졌나이다(다윗의 시 6:2-7).

화무십일홍

꽃씨의 작은 싹이 자라나 어느 순간 화려하게 만개할 때가 있지만 그 화려함은 열흘을 넘기기 힘들다 했다. 이 세상 만물이 다 그렇겠지만 이 땅에서 영원한 것은 없다. 전성기가 있으면 후퇴기가 있어 쇠하여진다. 우리의 육체도 마찬가지다. 항상 젊고 건강할 수만은 없다. 병에 걸려 신음하기도 하고, 나이가 들어가면서는 몸 여기저기서 고장 신호가 오기 시작한다.

고려시대 학자 우탁은 시조 '백발가'를 지어 가는 세월 속에 약해져 가는 몸으로 백발을 맞을 수밖에 없는 인생에 대해서 탄식하고 있다.

> 한 손에 가시 쥐고 또 한 손에 막대 들고
> 늙는 길 가시로 막고 백발은 막대로 치려 했더니
> 백발이 제 먼저 알고 지름길로 오더라
> (중략)
> 늙지 말고 다시 젊어져 보려 했더니
> 청춘이 날 속이고 백발이 다 되었구나
> 이따금 꽃밭을 지날 때면 죄 지은 듯하여라

깊은 학식과 통찰력으로 추앙받던 우탁 선생이었지만, 늙어가고 약해져 가는 육체 앞에서는 어쩔 수 없는 약하디 약한 인간이었다. 세월 앞에 장사 없다는 속담처럼 사람이 태어나 늙고 병드는 것은 어제 오늘의 이야기가 아니다. 나이가 들어 병에 걸리거나 육체의 연약함으로 쇠하여지는 것은 사람으로 태어났다면 언젠가는 직면해야 할 일이다.

다윗도 몸이 아파서 심각하게 고통스러워한 적이 있었다. 그 또한 인간인데 어찌 병으로부터 자유로울 수 있겠는가? 시편 6편은 그때 당시 병상 중에 있었던 다윗의 심중을 대변한다.

다부진 근육질의 넘치는 에너지로 골리앗을 쓰러뜨렸던, 모진 떠돌이 광야 생활 동안에도 왕성한 활력을 가졌던, 땅바닥에서 돌을 베고 자고도 다음 날 거뜬하게 일어날 정도로 튼튼한 체력을 지녔던, 셀 수 없이 많은 전쟁을 치루면서 단련된 심신을 지녔던 다윗도 병약한 육체에 직면할 때가 있었다.

이 시편이 다윗의 인생 중 어느 시절에 쓰였는지 정확히는 알 수 없으나, 이전처럼 젊은 몸이 아닌 연로하여 병약한 중이거나 심한 중병에 걸렸을 때로 추측한다. 거의 죽음 직전까지 갔을 정도로 말이다.

여호와여 내가 수척하였사오니 내게 은혜를 베푸소서 여호와여 나의 뼈가 떨리오니 나를 고치소서(2절).

'수척하였사오니', 육체적 질병으로 체중이 빠져 기력이 쇠한 것이다. 체중이 정상이 되어야 기력도 있고 일도 하는 것인데 몸에 기운이 없다 보니 먹는 것도 시원찮고 기진맥진해졌다.
'나의 뼈가 떨리오니', 뼈가 떨릴 정도로 건강이 심각했다. 골리앗을 비롯해서 수많은 전투에서 보여준 다윗의 위용은 온데간데없고, 기침이나 콜록콜록하면서 괴로워하고 있는 유약한 모습만이 남아 있다. 무엇보다 또 다른 병이 그를 짓눌렀는데 마음의 질병이었다.

나의 영혼도 매우 떨리나이다 여호와여 어느 때까지니이까(3절).

'나의 영혼도 심히 떨린다', 다윗은 영적 침체에 빠져 있었다. 밤마다 근심과 염려로 머리를 쥐어뜯을 정도의 심한 스트레스에 시달렸다. 탄식함으로 피곤하였다고 한다(6절). 이제는 이마저도 하지 못할 정도로 지친 것이다. 그런데 여기에 하나가 더 다윗을 괴롭게 한다.

내 눈이 근심으로 말미암아 쇠하며 내 모든 대적으로 말미암아 어두워졌나이다(7절).

바로 다윗을 미워하는 사람들이 문제였다. 여기서도 지긋지긋한 안티 세력들이 이때다 싶어 들러붙기 시작한다. 가뜩이나 괴로운 다윗의 심정을 아는지 모르는지 다윗을 모함하고 곤경에 빠뜨린다. 그로 인해 다윗은 더욱더 근심하여 이제는 눈마저 침침해지고 흐릿해지고 있었다.

이 세상에 안티 없는 사람은 없다. 아무리 우리가 행동을 조신하게 하고 모든 사람에게 호의적으로 한다고 하더라도 나를 좋아하지 않는 사람은 어디에나 있기 마련이다. 연예인만 안티가 있는 것이 아니라 모든 사람은 다 안티가 있기 마련이다. 예수님도 반대 세력이 있었다. 그리고 다윗에게도 그를 음해하려는 세력이 많았다. 틈만 나면 어떻게든 다윗을 무너뜨리려 했다.

다만 예전에는 튼튼한 영성의 근육과 육적 근육으로 상대해낼 수 있었지만 지금은 영육이 망가질 대로 망가져서 버겁고 힘들다. 이처럼 다윗은 육체적 질병, 마음의 질병, 또 자기를 미워하는 안티 세력이라는 삼중고에 시달렸다.

내가 탄식함으로 피곤하여 밤마다 눈물로 내 침상을 띄우며 내 요를 적시나이다(6절).

괴로움이 얼마나 컸는지 밤마다 눈물을 흘렸고, 그 눈물이 또 얼마나 많았던지 이불이 젖을 정도였다. 눈물로 흥건히 젖은 이불을 싸매고 다윗은 감당 안 되는 병과 씨름하였다. 더 이상 일어설 힘도 없이 완전히 그로기 상태가 된 것이다. 이쯤 되면 거의 사람이 미쳐간다. 이런 상태로 어떻게 정상적인 생활을 영위할 수 있겠는가?

기도의 반전

그런데 본문을 보면 다윗은 미치기는커녕 급격하게 그 감정의 분위기가 바뀐다.

> 악을 행하는 너희는 다 나를 떠나라 여호와께서 내 울음 소리를 들으셨도다 여호와께서 내 간구를 들으셨음이여 여호와께서 내 기도를 받으시리로다 내 모든 원수들이 부끄러움을 당하고 심히 떨이여 갑자기 부끄러워 물러가리로다(다윗의 시 6:8-10).

1절부터 7절까지는 괴로워하며 금방이라도 죽을 것 같더니만, 8절 이후부터는 언제 그랬냐는 듯이 하나님께서 자신의 기도를 응답하셨다며 용기백배하고 있다. 어떻게 갑자기 분위기가 180도 확 바뀌게 된 걸까?

기도자라면 이런 경험이 있을 것이다. 답답하고 괴로운 마음에 기도를 하다 나도 모르게 내면에서 그 답답함과 괴로움이 해소될 때 말이다. 갈급한 마음 가운데 기도로 아픔을 토했는데 기도를 하면 할수록 마음 속에서 하나님이 내 기도를 듣고 계시다는 확신이 드는 그 순간을 기억할 것이다. 아직 상황의 변화는 없다. 현실은 그대로다. 여전히 생각하기도 싫은 골치 아픈 현실은 존재한다. 그러나 괴로움은 기도 전보다 훨씬 경감되었고 마음의 평안을 찾아가고 있는 나를 보게 된다. 아픈 현실만을 묵상하다가 믿음을 묵상하는 단계로 넘어간 것이다.

여전히 다윗은 병으로 고통 받고 있었다. 그러나 그는 미래의 소망을 확신한다. 지친 몸과 마음의 병을 묵상하다가 이제는 하나님을 향한 믿음을 묵상하게 되었다. 영적, 정신적, 육적으로 괴로운 현실에 눌려 슬픈 마음을 갖고 기도를 시작했지만, 기도가 계속되면서 그 속에 진심어린 간절함이 성령의 인도함을 받는 기도가 되었다. 하나님께서 자신의 기도를 듣고 계신다는 확신이 섰다. 전능자 하나님이 그 기도를 들어주시는데 어떻게든 그의 뜻대로 해결해주신다는 확신이 들었다.

기도자는 때로 통성으로, 때로 세미한 음성으로 기도할 수 있다. 방법은 여러 가지다. 단 진실된 기도는 간절함이 더욱더 사무친다는 공통점이 있다. 이 간절함은 하나님에 대한 믿음과 신뢰이다. '나의 기도를 듣고 계신 하나님이라면 어떻게든 이 문제를 해결해주실 수 있다.' 라는 전적 신뢰가 응답에 대한 확신을 얻게 해준다. 다윗의 기도가 그렇게 반전된 것이다.

여호와께서 내 울음소리를 들으셨도다.

이 세상이 끝이 아니다

흔히 병에 걸리면 병이 낫기만을 기도한다. 그 병을 통해서 깨닫게 하시는 하나님의 뜻을 도외시하거나, 병에 눌린 나머지 그 병을 곱씹기만

하는 것이다. 이것은 사실 병의 문제보다는 사후 하나님의 나라에 대한 확신이 있느냐의 문제다. 죽음을 두려워하기 때문이다. 다윗도 그랬다. 다윗이 병 앞에서 이토록 고통을 느꼈던 것은 죽음에 대한 공포감 때문이었다.

죽으면 아무도 주를 기억하지 못합니다. 누가 무덤에서 주를 찬양하겠습니까?(5절/현대인의성경)

이 시편에서 보이듯이 믿음 좋다던 다윗도 병으로 죽게 될지 모른다고 생각하니 마음이 무너져 내리는 듯했다. 그러니 하나님께 항변하듯이 기도를 드린다.

"주님 제가 죽으면 어떻게 합니까? 무덤에 있는 자가 찬양이나 제대로 할 수 있답니까?"

대부분의 사람들은 중한 병에 걸리게 되면 죽음과 연관지어 절망적인 생각을 한다. 죽음을 끝이라고 생각하기 때문이다. 믿는 자라고 해서 예외가 아니다. 평소 건강했을 때는 하늘나라를 소망한다고 말하지만 막상 본인이 중병에 걸리면 그 하늘의 소망은 어느새 사라지고 만다. 말끔하게 병이 치유되어야만 믿음의 증거이고 간증인 줄로 알지, 주님이 부르시는 천국이 기다린다는 생각은 하지 못한다.

아주 견디기 힘든 장소가 있다. 그런데 다른 곳은 더 좋다. 어디로 가고 싶은가? 당연히 더 좋은 장소로 옮겨가길 희망할 것이다. 신앙의 최종 목적지는 이 세상이 아니다. 그다음 세상이다. 이 세상이 마지막이라면 세상이 두 쪽 나도 여기에 가부좌를 틀어야겠지만 그다음 세상이 있다면 얘기는 달라진다. 그렇기에 과연 이 세상이 더 좋은 곳인지부터 생각할 필요가 있다.

100세 시대라지만 건강하게 별 걱정 없이 100세를 사는 이는 흔치 않다. 그래서 역설적이게도 오히려 이를 저주라고도 한다. 고장 난 몸을 이끌고 연명하는 것이 무슨 의미 있는 삶이냐는 것이다. 병원에서 호흡기에 의지한 채 사는 것으로 생을 연장하는 것은 누구도 원치 않을 것이다. 생명이라는 것은 활동이다. 우리의 생명은 여기서 끝이 아니다. 우리의 활동은 여기서 끝이 아니다. 여기서 끝이라고 생각하니 그 병에 짓눌리고 묻혀 사는 것이다.

주변에서 병에 걸린 이들을 많이 봐왔다. 그들은 진단을 받기 시작하면 인터넷을 검색하며 본인의 병이 얼마나 무서운 병인지 점점 공포심을 불러일으키는 행동을 한다. 병에 대해서 객관적 정보를 얻기보다는 공포심을 얻는다. 마귀는 그 틈을 놓치지 않고 말한다.

"넌 이 병으로 고통 받을 거야. 다른 사람처럼 곧 죽을 수도 있어. 이젠 끝이야."

정신을 공황 상태로 만들어 멀쩡한 매일을 무기력하고 우울하게 보내도록 만든다. 하나님을 향한 뜨거웠던 믿음은 어느새 저 남극보다 더 차가워져 있다.

나 또한 20대 중반에 근무력증 의심 환자로 병원을 들락거렸을 때를 돌이켜보면, 그 병이 주는 공포감에 눌려 있었다. 그러나 그때 이후 절대 그렇게 살지 않으리라 결심했다. 지금 죽으면 좀 더 빨리 천국 가서 좋은 것이고, 늦게 가면 여기서 할 일이 있기에 하나님이 주신 시간을 선용하며 살면 되는 것이라 생각했기 때문이다.

혹 이 글을 읽는 형제, 자매가 육체의 병으로 고통당하고 있다면 의연해지시길 중보한다. 더하여 몸의 병이 마음의 병으로 전해지지 않기를 중보한다. 우리는 병 같은 것에 눌려 사는 존재가 아니다. 천국의 소망을 받은 자요, 주님의 택함을 입은 자들이다. 천국의 소망이 없는 자들은 진시황이 불로초를 찾듯 오직 이 세상에만 집착을 하고 조금이라도 더 살지 못하는 것에 대해서 억울해한다.

예수님은 병든 자들을 치유하기 전에 먼저 그들의 죄 사함을 선포하셨다. 왜 그러셨을까? 병이 낫는 것보다 영혼이 천국에 들어가는 것이 더 중하였기 때문이다. 천국은 이 세상과는 완전히 다른 세상이기 때문이다. 다윗도 이런 믿음이 없어서 잠시나마 약해졌다. 몸이 아프고 괴로우니 말이다. 그러니 매일 밤마다 이불을 눈물로 적시며 울었던 것이다.

그러나 병을 묵상하기보다는 기도하며 하나님을 묵상하기 시작했다. 내면에서 강인한 믿음이 다시 소생되었다. 마귀의 힘이 약해지는 순간이었다. 소멸했던 주를 향한 확신과 신뢰가 다시 일어났다.

"그래 괜찮아! 하나님이 함께해주실 거야! 이깟 병이, 저 안티들이 내 정신과 영혼을 흔들지 못해. 난 무너지지 않아."

소망의 여정을 향해

세계적 MD 앤더슨 암센터의 암 전문의 김의신 박사는 똑같이 암에 걸려도 암을 대하는 태도는 환자마다 천지 차이라 말한다. 암에 걸렸다는 소식을 듣고 그때부터 병을 곱씹으며 초상집과 같은 분위기에 빠지는 환자가 있는 반면, 삶과 죽음은 신이 결정한다고 믿는 환자가 있다는 것이다. 후자는 암을 생각보다 심각하게 받아들이지 않는다고 한다. 묵묵히 자신이 하던 일을 계속해나간다. 또 만일 환자의 신앙심이 두터우면 더 잘 극복하더라는 것이다.

그러면서 이렇게 결론을 맺는다. 암에 걸린 것보다 그 암을 대하는 태도가 문제라고……. 병을 곱씹으며 걱정을 키우는 사람은 마음을 더 힘들게 하여 이길 수 있는 병에도 지는 경우가 많지만 이를 통해 하나님이 나를 더 단련시키심을 알고, 그간 몰랐던 인생의 의미를 깨달으며 영원한 천국을 받을 것이라 믿는 사람은 오히려 회복이 더 빠르다고 말이다.

1998년 빌리 그레이엄 목사는 캘리포니아 몬터레이에서 열린 TED[2]의 강연자로 나섰다. 그때 그의 나이 80세였다. 그는 강연 중에 자신은 양 다리에 정맥염이 있으며, 부축이 없으면 일어서기 힘들 정도의 파킨슨 병, 차마 말할 수 없는 몇몇 질병을 앓고 있다고 했다. 그런 불편한 육체를 입고 교회도 아닌 일반 강연장에서 예수 그리스도와 하늘나라에 대해서 강연을 이어나가야만 했다. 그곳에는 상당수의 부신론자들과 타종교인들도 있었다. 더군다나 여러 유명 강연자들의 일반 강연들이 큰 호응을 얻고 난 후였다. 그가 표현한 대로 상당히 어색한 상황에서의 강연이었다. 그럼에도 그는 담담하게 27여 분 동안 준비한 강연을

---

2) TED(Technology, Entertainment, Design) – 1984년 창립된 미국의 비영리 재단. 전 세계에서 각 분야의 저명인사와 괄목할 업적을 이룬 강연자들을 초청하여 강연회를 개최(위키백과 참조).

17. 병에 짓눌렸다

풀어놓았다. 큰 울림을 주는 강연이었다. 그는 강연 마지막 부분에서 이렇게 맺었다.

"저는 17세까지 노스캐롤라이나의 농장에서 태어나고 자랐습니다. 아침마다 소젖을 짰고 학교에서 집으로 돌아오면 매일 저녁 또 같은 소의 젖을 짜야 했습니다. 제가 책임지고 있는 소는 스무 마리였으며 저는 농장에서 일하면서도 공부를 계속 하기 위해 노력했습니다. 그럼에도 저는 고등학교 성적이 좋지 못했습니다. 대학에서도 어떤 일이 제 마음에 일어나기 전까진 좋은 성적을 내지 못했습니다. 그러던 어느 날 저는 그리스도와 마주했습니다. 그분이 말했습니다. '나는 길이요 진리요 생명이니.' 상상이 가십니까? '나는 모든 진리의 화신이다.'는 말이. 그는 거짓말쟁이거나 미쳤거나 아니면 그분이 주장한 대로입니다. 도대체 어느 쪽인가? 저는 결정을 내려야 했습니다. 저는 증명할 수 없었습니다. 실험실로 가져가서 실험을 할 수도 없었습니다. 그러나 믿음으로 '그를 믿는다.'라고 말하자 그분이 제 마음속에 들어오셨습니다. 그리고 제 삶을 바꿔 놓았죠. 그리고 이제 저는 부르실 때에 하나님이 계신 곳으로 갈 준비가 되어 있습니다."

우리는 언젠가는 죽는다. 반드시 죽는다. 그리고 병 없이 죽는 경우는 거의 없다. 늙어서도 병이 생기지만 젊을 때도 본인의 건강 관리 미숙이나 예기치 못한 질병으로, 불의의 사고로 고통 받을 수 있다. 하지만 우리의 여생은 이런 병에 주눅 들며 사는 인생이 아니다. 오히려 그 병을 통해서 깊이 성찰하고 삶과 죽음 앞에서 겸허해지며 건강한 사람이 갖지 못할 맑은 영성을 가질 수 있다. 병을 넘어서 거룩한 죽음을 준비하는 삶을 살 때 이 땅에서도 진정 인간답게 살아간다.

> 내 평생에 선하심과 인자하심이 반드시 나를 따르리니 내가 여호와의 집
> 에 영원히 살리로다(다윗의 시 23:6).

다윗의 시가 이를 말하고 있다. 그렇기에 죽음은 불행이 아니라 소망으로 돌아가는 여정이 된다. 죽음이 있기에 부활도 있는 것이다. 죽음을 거부하는 것은 부활을 믿지 못한다는 것이 아니겠는가? 그리스도인은 병에 눌려 살지 않는다. 마지막 그 나라를 소망하며 산다.

David

3부

정복자가 되다

18.
품었던 꿈이 막혔지만……

다윗이 그 아들 솔로몬을 불러 이스라엘 하나님 여호와를 위하여 성전을 건축하기를 부탁하여 …… 이르되 내 아들아 나는 내 하나님 여호와의 이름을 위하여 전을 건축할 마음이 있었으나 여호와의 말씀이 내게 임하여 이르시되 너는 피를 심히 많이 흘렸고 크게 전쟁하였느니라 네가 내 앞에서 땅에 피를 많이 흘렸은즉 내 이름을 위하여 성전을 건축하지 못하리라(대상 22:6-8).

사람은 누구나 무언가 성취하고픈 꿈을 가지고 있다. 한 번뿐인 인생에서 이름과 자취를 남기고 싶어 한다. 우리 속담에도 호랑이는 죽어서 가죽을 남기고 사람은 죽어서 이름을 남긴다고 하지 않는가? 우리는 그러한 존재이다. 자신의 족적을 이 세상에 남기고 싶어 하는 그런 존재 말이다. 하지만 정해진 삶의 수명대로 사는 유한한 인생이기에 우리가 이룰 수 있는 것 또한 유한하다. 아무리 그 열망이 강하다고 한들 다 이루는 인생은 없다.

세계 역사에 길이 이름을 남긴 알렉산더, 칭기즈칸, 나폴레옹 같은 이들은 세계를 제패하여 통일 왕국을 이루는 것이 염원이었다. 하지만 그들의 짧은 생애에 그것을 이루기에는 시간과 능력이 한없이 부족하였다. 아무리 거창한 꿈을 꾼다고 하더라도 유한한 인생에 원하는 바를 다 이룰 수 없다는 귀감을 준다.

허락하지 않으신 꿈

다윗은 왕으로서 많은 것을 이루었다. 어려움이 없었던 것은 아니지만 강력한 왕조를 조직하여 역사상 가장 눈부신 이스라엘의 전성기를 구가하였다. 평생에 걸쳐 열성을 다하여 애국하였다. 그렇게 노년이 될 때까지 보통 이들이 하지 못한 과업을 많이 이룬 그였다. 한 가지만 빼고……. 바로 자신이 머무는 왕궁에 버금가는, 아니 그 이상의 위대한 성전을 건축하는 것 말이다. 자신은 멋진 궁전에서 사는데 하나님의 존전인 성전이 그만 하지 못한 것 같아, 못내 마음이 불편했던 다윗은 마지막 과업으로 성전 건축을 고려하였다. 마지막 이 거대한 숙원만 해결하면 여한 없이 하나님 곁으로 갈 수 있을 것 같았다. 그러나 이 염원에 제동이 걸렸다. 그 성전의 주인이신 하나님이 허락지 않으신 것이다.

> 다윗이 그 아들 솔로몬을 불러 이스라엘 하나님 여호와를 위하여 성전을 건축하기를 부탁하여 …… 내 아들아 나는 내 하나님 여호와의 이름을 위하여 전을 건축할 마음이 있었으나 여호와의 말씀이 내게 임하여 이르시되 너는 피를 심히 많이 흘렸고 크게 전쟁하였느니라 네가 내 앞에서 땅에 피를 많이 흘렸은즉 내 이름을 위하여 성전을 건축하지 못하리라.

다윗은 국가 최고 원수로서 수많은 전투에 참가하였기에 손에 많은 피를 묻힐 수밖에 없는 인생이었다. 이방 민족들 틈에서 하나님의 뜻을 온건히 세우기 위한 명분이 전제된 전투들이었다. 하지만 평생 혈전을 치루며 산 자에게 성전 건축의 거룩한 과업을 맡기기에는 무리라는 것이 하나님의 뜻이었다.

다윗은 이런 하나님의 뜻을 겸허히 받아들일 수밖에 없었다. 정말 건축하고 싶었던 성전이지만 그것을 다음 세대에 넘겨주기로 결정한 것이다. 마지막 클라이맥스를 멋지게 장식하고 싶었는데 그럴 수 없게 되었다. 너무나도 아쉬웠을 것이다. 마지막 열정이 식어가는 듯해서 시무룩했는지 모른다. 그래도 받아들여야만 했다. 그 열망을 이제는 내려놓아야 했던 것이다.

그의 아들 솔로몬에게 이르되 너는 강하고 담대하게 이 일을 행하라 두려워하지 말며 놀라지 말라 네가 여호와의 성전 공사의 모든 일을 마치기까지 여호와 하나님 나의 하나님이 너와 함께 계시사 네게서 떠나지 아니하시고 너를 버리지 아니하시리라(대상 28:20).

다윗은 성전 건축을 이루지 못하는 것이 섭섭하였지만 하나님의 뜻을 받들어 그의 아들 솔로몬에게 이 과업을 이어줄 것을 부탁하였다.

하나님은 거시적 안목을 가지신 분이다. 내가 발끝을 본다면 하나님은 땅끝을 보는 분이다. 내가 하늘을 본다면 그분은 우주를 본다. 우리는 한 세대도 보지 못하지만 그분은 전 세대인 알파와 오메가를 본다.

다윗은 성전 건축 계획이 불발에 그치게 되어 상당히 아쉬웠지만 하나님의 주권을 인정했다. 자신의 역할이 성전 건축은 아니라는 것을 말이다. 자신의 안목이 아닌 하나님의 안목을 인정한 것이다.

우리가 살아가는 시간만이 역사가 아니다. 우리 이전에 역사가 이미 시작되었고 앞으로도 진행될 것이다. 내가 숨쉬는 동안에만 역사 의식을 갖고 있다면 그것은 무지요, 광대한 하나님의 역사 앞에서 겸손하지 못한 것이다.

자신의 때에 멋진 건축을 하고 싶은 욕심이 다윗이라고 왜 없었겠는가? 그러나 그는 그것을 다음 세대로 넘겼다. 꼭 다윗의 때에 건축이 이루어져야 할 이유가 하나님께는 없었기 때문이다. 역사가 선이라면 우리는 점이다. 우리는 역사라는 그 선 위에서 점을 이루고 있다. 이를 깨달을 때에 우리는 비로소 선 위에서 조급해하지 않고 겸손하게 하나님께서 주관하시는 역사를 바라볼 수 있다. 그렇기에 하나님의 주권을 인정하는 자는 그분의 때와 뜻에 따라 자신의 뜻을 내려놓을 수 있는 것이다.

비전이 야망이 되기 전에

가족 분만실에서 처음 딸이 태어났을 때를 기억한다. 생명 탄생의 경이로움에 감탄을 금치 못했다. 너무 신기했다. 어쩜 이런 일이 나에게도 일어날 수 있는지……. 한동안 아이를 바라보는데 전도서의 말씀 한 부분이 머릿속을 스쳐 지나갔다.

한 세대는 가고 한 세대는 오되…… (전 1:4).

'아, 나도 이젠 가는 세대구나······.'

이전까지 나는 오는 세대였다. 하지만 다음 세대인 우리 아이가 태어났을 때 나도 이제는 가는 세대가 되었음을 깨달았다. 모든 것은 다 사라진다. 다 지나간다. 오직 하나님만이 영원할 뿐이다. 우리는 점일 뿐인 인생이다. 그 점이 이어져서 선 같은 통전적 역사가 흘러가는 것이다. 그 선을 주관하시는 분이 하나님이시다. 그렇기에 역사의 주인은 하나님이지 내가 아니다. 나는 하나님의 역사에 동참하고 참여하는 인생이다. 이어 하나님은 선을 긋기 위해 다음 점을 예비하신다.

바울은 자신의 마지막 생에 로마의 복음화를 꿈꿨다. 거대한 로마가 변한다면 세상이 변할 것으로 기대하였을 것이다. 문제는 그가 열정을 다했어도 로마는 변하지 않았다는 점이다. 오히려 복음이 막힐 때가 더 많았다. 그렇지만 하나님께서는 다음 세대들의 점을 이으시며 로마의 복음화를 이루어 가셨다. 하나님은 선이기 때문이다.

이윽고 바울의 사후 약 250년 후, 콘스탄티누스 대제와 리키니우스 황제가 밀라노 칙령을 발표함으로 로마는 기독교를 정교(正敎)로 인정하여 그 서막이 열렸다. 이후 로마 전역에 교회가 세워졌다. 예루살렘에는 성묘교회(Church of the Holy Sepulchre)가 세워져 예수님의 십자가 죽음을 기념하기까지 했다. 뿐만 아니라 니케아 공의회를 소집하여 십자가, 부활, 삼위일체 등 기독교의 기본 진리가 확립되기에 이르렀다. 어떤 이도 250년 전 바울의 선교가 실패했다고 말하지 않는다. 그는 그 역사의 과정 속에서 하나님이 하실 일들을 기대하며 본연의 삶을 살았기 때문이다.

누구나 꿈을 꾸지만 다 성취하는 것은 아니다. 꿈에는 야망과 비전이 있다. 야망이라면 어떻게든 자신의 시대에 성취되어야 할 것이다. 하지만 비전이라면 하나님의 거대한 역사 속에서 언젠가는 성취될 것을, 우리가 그 과정 중에 있음을 인정해야 한다. 나의 시대에 내 생명이 있을 때 성취되지 않는다고 그것이 실패한 것은 아니다. 그것이 끝이 아니기 때문이다. 다만 보지 못할 뿐이다. 그 욕심으로부터 벗어나야 한다. 자칫 처음 세웠던 비전이 야망으로 변질될 수 있기에…….

하나님의 비전이 이뤄지는 과정 가운데 내가 있음을 인정하고 믿을 때, 나의 시간이 아닌 하나님의 시간에 나를 맞출 수 있다.

한 세대는 가고 한 세대는 오되 땅은 영원히 있도다.

19.
섭리를 믿다

다윗은 성전으로 들어가서 무릎을 꿇고 기도한다. "하나님이 왜 저한테 이런 은혜를 베푸십니까? 제가 뭐라고……. 내 집은……. 내 출신은 보잘것없는데, 나 같은 사람이 뭐라고……. 이런 자리에 세우셨습니꺼"(삼하 7:18/저자의 표현)

뿌리박힌 운명론

인도 사회의 폐단을 뽑으라면 누구나 카스트 제도를 뽑는다(현재 법적으로는 폐지되었으나 여전히 그 잔재가 남아있다). 요람에서 무덤까지 이미 정해진 그 신분에 귀속되어 평생을 사는 것이다. 아무리 뛰어난 재능과 자질을 지녔다고 해도, 최하층 계급이 이 신분의 벽을 뛰어 넘어 개인의 이상을 실현하기란 하늘의 별 따기다.

이토록 불행한 전통이 고수되어 온 배경에는 힌두교가 막강한 영향력을 행사해 왔다. 힌두교의 이해 없이 인도를 이해할 수 없다고 할 정도로, 힌두교는 인도인의 생각을 지금까지도 꽁꽁 묶고 있다. 특히 업에 따라 보상대로 태어나기에 주어진 처지에 순응하며 살아야 한다는 이 극단적 운명론은, 한 개인과 국가의 존망을 갈라놓고 있다. 생과 사의 원리가 이미 정해져 있기에, 인간의 노력과 의지로는 그것을 거부하지 못하고 그대로 순응하며 살아야 한다는 사상이 근간을 이룬다. 무엇보다 가장 큰 부작용은 생애에 대한 적극적인 의지를 꺾어 놓는다는 것이다. 이미 다 정해져 있는데 아무리 발버둥치며 노력한들 무슨 소용이 있겠는가?

비단 카스트 제도 같은 경우에만 이런 운명론이 잠식해있는 것은 아니다. 우리말에도 팔자소관이라는 말이 있지 않은가? 사람의 태어난 날과 시간을 간지로 계산하면 총 여덟 글자가 되는데, 이 속에 운명이 정해졌다고 보는 사주에서 유래된 말이다. 카스트 제도와는 무관한 사람들도 무의식 속에서 이런 숙명적 사상에 지배당할 때가 적지 않다. 심지어 교회를 다닌다면서 용하다고 소문난 점쟁이를 애써 찾아가기도 한다. 그리고 행여나 좋지 않은 점괘가 나오면 머리를 싸매고 드러눕는다. 돈까지 주고 불행을 사는 꼴이다.

그리스도인이라면 신학적 용어 중 예정론이라는 교리에 대해서 들어봤을 것이다. 하나님께서 자신의 백성을 택하시고 그 앞길을 예비해 두셨다는 교리인데, 간혹 어떤 이들은 이 예정론을 운명론으로 오해하기도 한다. 내 인생을 이미 하나님께서 일일이 다 계산해놓듯 설정해두었기에, 이미 정해져 있는 인생에 개인의 노력 여하는 별 의미가 없다는 것이다. 그런 이들은 구원에 대해서도 아이가 태어나면 "넌 천국, 넌 지옥" 하며 천국과 지옥에 들어갈 자가 미리 정해져 있는 것처럼 생각한다.[3] 이것은 '예정'이라는 개념을 잘못 이해한 데서 오는 혼란이다.

이는 예정론을 운명론으로 오해한 격이다. 운명론은 그 숙명에 의해서 그대로 기계적으로 살아가는 것이다. 이러한 삶에는 하나님이 주신 인간의 자유의지가 들어갈 틈이 없다. 하나님은 우리를 로봇으로 창조하지 않으셨다. 하나님의 섭리가 깃들인 예정은 우리가 자신의 인생을 계획하고 개척할 수 있도록 한다. 하나님께서 선하고 영향력 있는 그리스도인으로 살아가도록 그 길을 먼저 예비하셨다. 그리고 하나님은 그러한 길을 가는 우리를 기꺼이 도우신다.

이끄시고 도우시는 주님을 바라보며 우리를 향해 예비하신 길을 나아갈 수 있다. 우리는 운명론에 허우적거릴 만한 신분이 아니다. 우리는 하나님께서 예수 그리스도의 거룩한 핏값으로 택하셨다. 그 귀한 신분을 가진 우리의 삶이 하찮은 운명론 때문에 영향을 받을 수는 없다.

섭리를 바라보다

다윗은 자신을 향한 하나님의 섭리를 민감할 정도로 잘 주지하고 있었다. 미천한 본인을 앞으로 한 국가의 지도자로 세우시려는 하나님의 섭리에 감사해했고, 하나님께서 함께하실 것임을 항시 되뇌었다.

> 여호와께서 나를 위해 이미 행하신 일도 과분한데 이제 내 집안의 장래 일까지 말씀해 주셨으니 그런 관대하심이 어찌 인간의 표준과 비교할 수 있

---

[3] 우리는 우리에게 찾아오신 예수 그리스도를 믿는 믿음으로 구원받는다.

겠습니까? 여호와께서는 이 종이 어떤 사람인가를 다 알고 계시는데 내가 주께 무슨 말을 할 수 있겠습니까? 주께서는 주의 말씀과 뜻에 따라서 이 큰 일을 행하시고 이것을 주의 종에게 알리셨습니다(삼하 7:19-21/현대인의성경).

이 외에도 시편 곳곳에 다윗의 이런 심정이 잘 드러나 있다. 물론 우리도 알다시피 앞날에 대해 그가 전혀 염려하지 않았던 것은 아니었다. 그도 인간이거늘 어떻게 모든 것을 완벽하게 초월할 수 있겠는가? 급박하게 돌아가는 환경에 궁지로 내몰릴 때는 순간순간 절망하기도 하였다. 미래가 어떻게 펼쳐질지 몰라 그답지 않은 삶의 방법을 선택한 적도 있었다. 가드의 아기스 왕에게 도망쳤던 적도 있지 않은가?

그러나 언제나 그런 모습만을 보여준 것은 아니다. 계속 거기에 머무르지 않았다. 간혹 일탈은 있었지만 이탈하지 않았다. 다시 정신을 차리고 본연의 자리를 찾았다. 지금은 앞날이 구체적으로 그려지지 않아도, 하나님의 끈을 놓지만 않는다면 앞길을 예비해주신다는 확신이 있었다. 즉 아무리 절망적이고 실망스러운 상황에 직면해도 지금 이 모습 이대로 이렇게 살다가 생을 마치겠다는 팔자소관식의 숙명론에 생각이 지배당하지 않았다는 것이다. 신세한탄이나 하며 그저 하루하루 사는 인생이 아니었다. 다윗은 운명이 아닌 하나님의 섭리를 믿었다.

하나님께서는 세상 모든 이를 향한 인생의 계획을 갖고 계신다. 우리가 하다못해 애완동물 하나를 길러도 그 미물을 어떻게 키울지 나름 계획을 갖고 있지 않은가? 하물며 하나님의 형상을 닮은 존재로 창조된 우리에게 하나님의 계획이 없다는 것은 어불성설이다.

다윗은 그분의 섭리가 그의 인생 속에서 꽃피리라는 신념이 있었다. 그의 심연 속에서 그 신념이 끊임없이 불타고 있었다. 매서운 현실의 비바람에 꺼지지 않도록 끊임없이 불씨를 살렸다. 괴로운 와중에서도 왜 그토록 많은 기도의 시편을 남겼겠는가? 만일 그런 신념이 없었다면 그런 탄식이 섞인 기도를 하나님께 하지도 않았을 것이다. 하나님께 기대하는 바도 없는데 기도한들 무슨 소용이겠는가?

다윗은 성전으로 들어가서 무릎 꿇고 기도한다.

"하나님이 왜 저한테 이런 은혜를 베푸십니까? 제가 뭐라고, 내 집도, 내 출신도 보잘것없는데, 나 같은 사람이 뭐라고……. 이런 자리에 세우셨습니까!"

다윗이 인고의 세월을 거치고 드디어 통일 이스라엘의 왕에 오른 뒤에 한 감격적 고백이다. 신분 상승에 대한 감사의 표현이 아니다. 직장에서 승진해 감격에 겨워한 것과는 깊이와 넓이가 다르다. 아무것도 아닌 자신에게 하나님의 섭리가 작용하여 고난을 이기고 여기까지 올 수 있었다는 고백이다.

만일 그가 운명론에 취했던 자라면 절대 목동의 위치를 벗어나지 못했을 것이다. 골리앗 앞에서도 기개를 펼 수 없었을 것이며, 사울의 괴롭힘이 끊이지 않는 상황에서 사울을 원망하고 망가진 자신의 인생을 저주나 하며 살았을 것이다. 그 뒤 이어지는 10여 년의 광야 생활은 정신과 영과 몸을 지치게 하여 진작 폐인으로 만들었을 것이다. 하지만 다윗은 어떤 일이 있어도 하나님께서 자신을 붙잡아 주시리라 믿었다. 이는 하나님을 향한 절대적 신뢰를 더하였고, 척박한 현실에 지배당하지 않도록 열망을 주었다. 그것을 보신 하나님 또한 당신에게 성실하려고 노력한 그를 이끄시어 섭리의 그림을 완성시켜 나가셨다.

나를 향한 하나님의 섭리

다윗을 향한 하나님의 섭리를 보면서 우리가 깨닫는 진리는 무엇인가? 하나님의 섭리는 여전히 지금도 우리에게 유효하다는 것이다. 다윗은 이제 이 세상에 없다. 그러나 하나님의 섭리는 여전히 살아있다. 다윗을 향했던 그 섭리는 이제 나를 향해 열려 있는 것이다. 기억할 것은 섭리를 받아들이는 나의 태도이다. 하나님의 섭리를 믿고 강단 있게 현실을 직시하고 인내하며 나아가든지, 아니며 멍청한 숙명론에 꽂혀 스스로 인생을 낭비하든지…….

당장 손에 잡히는 것이 없고 막막할지라도 낙망하지 마라. 팔자에 나를 가두지 마라. 스스로를 틀에 박아두지 마라. 하나님은 내가 계속 거기에 머물기를 원치 않으신다. 나를 사랑하시기에 절망 속에서 외롭게 허우적거리도록 두지 않으신다. 그분의 섭리에 나를 묻으라. 어느 순간 그분의 섭리가 나를 향해 작용하고 있음을 깨닫게 될 날이 반드시 온다.

언급했듯이 청년 시절 근무력증 의심 환자로 판명되었던 적이 있다. 가뜩이나 캄캄한 현실의 벽이 높았는데 육체까지도 망가져 간다고 생각하니 '이게 끝인가 보다, 원래 내 인생은 이렇게 끝날 운명이었나 보다.'라는 생각이 내 영혼을 온통 지배했다. 삶에 대한 의욕도, 열정도 완전히 소멸되었고 겨자씨 한 알만 한 믿음도 없었다. 모든 것이 원망스러웠고 삶이 바닥으로 내려앉은 듯했다. 아니 내려앉았다.

그렇게 힘겨워했을 때 누군가 '영석이 이야기'를 들려주었다. 이야기를 다 듣고 난 후 큰 위로를 받았고, 이대로 주저앉지 않을 것이라는 실낱같은 믿음이 다시 생겼다. 그 시절 내가 얻었던 그 위로의 힘이 이 글을 읽는 형제, 자매에게도 동일하게 역사해주길 바란다. 그때 내가 들은 이야기와 후에 신문기사로 읽은 것을 토대로 이야기를 싣는다.

전라남도 해남 산골마을에 영석이라는 한 소년이 살고 있었다. 공부도 곧잘 하는 아이여서 초등학교를 졸업하고 중학교에 입학해야 했는데, 영석이의 아버지는 아들을 진학시킬 마음이 없었다.

"우리는 가난해서 너 중학교에 못 보낸다. 오늘부터는 지게를 지고 풀을 베어라."

영석이의 아버지는 머슴이었다. 아버지는 할아버지가 물려준 수십 마지기 논밭과 산을 술과 노름으로 다 날리고 남의 집 머슴이 되었던 것이다. 아버지가 아들에게 자주 하던 말은 "공부는 비쩍 마르고 힘없는 사람들이나 하는 것이다. 우리처럼 힘 좋은 사람들은 농사하는 거야!"였다. 초등학교 졸업 후 2년 동안 영석이는 아버지 말대로 지게를 지고 풀을 베었다. 그럼에도 공부를 하고 싶은 열망은 사그라지지 않았다.

한번은 교회 종지기로 일하던 중 기울어져 있는 교회 종을 바로잡고 내려오려는데 갑자기 눈물이 왈칵 쏟아졌다. 공부를 너무 하고 싶은데 자신은 왜 배울 기회도 없이 이렇게 허송세월하는지 너무 억울했기 때문이다. 한참을 종각 위에서 울다가 내려온 적도 있었다. 그만큼 공부하고픈 열망이 강했다.

그래서 농사일을 끝내고 무엇이라도 읽고 싶은 마음에 성경책만 읽었다. 그 외 다른 읽을거리는 없었기 때문이다. 그런데 성경을 읽으면 읽을수록 가슴 속에 벅차오르는 것은 공부가 하고 싶다는 생각이었다. 그 열망이 조절이 안 되어 매일 공부를 하게 해달라고 기도했다. 낮에는 농사일을 거들면서 기도했고, 잠자기 전에도 기도했고, 혹시나 하나님이 자신의 기도 소리를 듣지 못했을까 봐 밤중에 자다 깨어 또 기도했다.

그렇게 기도하며 희망을 놓지 않던 어느 날 여름, 영석이는 여름성경학교에 가서 주일학교 선생님으로부터 이런 가르침을 듣는다.

"하나님은 지금 이 순간에도 모든 사람을 부르고 계신다."

자신의 절박한 상황 속에서 그 말은 유독 영석이의 영혼을 울렸다. 깊이 감동을 받은 영석이가 꼬박 40일간 작정 기도를 했다.

"하나님 제 이름을 불러주세요."

그리고 하나님께 '하나님 전상서'란 제목으로 편지도 썼다.

"하나님. 저는 지금 공부를 무척 하고 싶습니다. 공부하고 싶어서 못 견디겠어요. 굶어도 좋고 머슴살이를 해도 좋아요. 제게 공부할 길을 열어주세요. 그 길이 열린다면 목숨을 바칠 테니 꼭 하나님 도와주세요."

겉봉에 '하나님 전상서'라고 쓴 그 편지를 우체통에 넣었나. 어린 미음에 너무 간절한 나머지 편지까지 썼던 것이다. 돈이 없어 우표도 붙이지 못한 편지였다. 이어 우체부 아저씨가 편지를 수거하여 분류를 하는데 희한한 편지 하나가 있는 것이 아닌가?

보내는 사람 - 영석이, 받는 사람 - 하나님. 상당히 난감했다. 그런데 깊은 사연이 있는 편지 같아서 함부로 취급할 수가 없었다. 어떻게 할까 고민을 하다가 우체국장과 논의 끝에 '교회에 하나님이 있으니 교회로 부치자.'고 결론을 내리고 근처 해남읍교회로 편지를 보냈다. 그리고 그 교회의 담임인 이준묵 목사님께 그 편지가 전달되었다. 목사님은 영석이의 편지를 읽으며 큰 감동을 받았다. 꼭 찾아내서 그렇게 소원인 공부를 시켜주고 싶었다. 아버지가 고정시켰던 영석이의 운명이 하나님의 섭리로 바뀌는 순간이었다.

목사님을 만난 이후 영석이에게는 그토록 염원했던 학업의 길이 열렸다. 중학교를 졸업하고, 고등학교를 졸업하고, 대학교를 졸업하고, 대학원을 졸업하고, 스위스의 명문 대학교로 유학도 가게 되었다. 영석이는 열심히 공부해서 학위를 마치고 국내에 와서 어느 대학교의 교수가 되었고, 시간이 지나 그 학교의 총장의 자리에까지 오르게 되었다. 한신대학교 오영석 전 총장의 이야기다.

어린 시절 운명에 갇혀 허우적대기가 너무 싫어, 간절히 기도의 마음을 담아 보냈던 편지가 정말 하나님께 전달된 것이다. 하나님의 섭리가 어느 누구도, 심지어 친부조차도 눈여겨보지 않던 작은 시골 소년에게 열려 있었다.

튀빙겐 대학의 독일 신학자 위르겐 몰트만이 감리교 신학대학교를 방문한 적이 있었다. 마침 나도 그 세미나에 참석했는데, 그날따라 어찌나 무거운 신학적인 발제를 하는지 머리가 아플 지경이었다. 그리고 이어서 우리나라 교수 발제자 중에 누군가 나오는데 오영석 총장님이 나오시는 게 아닌가?

그분의 과거 이야기를 아는 나로서는 얼굴만 봐도 얼마나 은혜가 되었는지 모른다. 그날 온종일 세미나 때문에 아팠던 머리가 상쾌해질 정도였다. 운명을 바꾸시는 하나님의 섭리에 이끌리어, 교수로서 후학들을 키우며 자신의 소임을 다하고 있는 모습을 보니 큰 감동이 되었다. 그의 아버지는 머슴의 운명이라고 공부를 못하게 하였다. 하지만 하늘 아버지는 운명이 아닌 꿈을 주셔서 섭리 가운데 운명을 벗어나게 하셨던 것이다.

주를 믿는 자에게는 분명 하나님의 섭리가 있다. 우리를 이 세상에 그냥 보내시지 않고 태초부터 계획된 나 자신만을 향한 그분의 계획이 있으시다. 그분의 섭리의 길을 믿고 묵묵히 따라가다 보면, 나를 위해 닦아 놓으신 그 길의 창조자 하나님의 세심한 사랑에 감격할 날이 올 것이다. 영석이처럼, 다윗처럼…….

> 다윗 왕이 여호와 앞에 들어가 앉아서 이르되 주 여호와여 나는 누구이오며 내 집은 무엇이기에 나를 여기까지 이르게 하셨나이까(삼하 7:18).

20.
Animal Spirit이 아닌 Holy Spirit으로!

여호와여 내 마음이 교만하지 아니하고 내 눈이 오만하지 아니 하오며 내가 큰 일과 감당하지 못할 놀라운 일을 하려고 힘쓰지 아니하나이다 실로 내가 내 영혼으로 고요하고 평온하게 하기를 젖 뗀 아이가 그의 어머니 품에 있음 같게 하였나니 내 영혼이 젖 뗀 아이와 같도다 이스라엘아 지금부터 영원까지 여호와를 바랄지어다(다윗의 시 131:1-3).

성공 지향주의에 빠진 사회

예전 "성공시대"라는 TV 프로그램이 큰 인기를 끌었던 적이 있다. 그런데 이 프로그램에서 장년뿐만 아니라 청소년과 젊은 층에게도 많이 알려진 소위 성공한 작가인 이문열 씨를 섭외하려 했으나, 그가 출연을 고사했다고 한다. 후에 어느 인터뷰를 통해 그 이유를 알 수 있었는데, 도대체 성공의 기준이 무엇인지 알 수 없기 때문이라 했다. 단순히 사회적으로 명예를 얻고 돈을 많이 벌어 그 분야에서 이름을 날리는 것이 과연 성공인지에 대한 의문을 품었기에 출연할 수 없었다는 것이다. 진정 바른 말이라 생각한다. 그때만 해도 이문열 씨의 인터뷰 내용은 나에게 신선한 충격이었다. 성공에 대해서 다시 한 번 생각하게 해주었기 때문이다. 이전에는 한 번 사는 세상, 자신의 이름을 알리고 어떤 분야에서 인정을 받아 최고라는 칭송을 받으면 그것이 성공이라 생각했는데 그것이 전부가 아닐 수도 있음을 처음 느꼈다.

학교에서는 성적 잘 받아 일류 대학 가서 대기업에 취직하거나 의사나 판사 되는 것이 성공이라고 학생들에게 주입되던 시기가 아니었던가? 학창시절을 그 같은 분위기 속에서 보낸 내게 이문열 씨의 인터뷰 내용은 그간 들어보지 못했던 성공에 대한 새로운 시각이었다.

성공이란 뭘까? 어떻게 사는 것이 성공적 인생이라 할 수 있을까? 이른바 '출세'라는 것을 하면 그것이 성공일까? 물론 그 위치가 되기까지 많은 수고와 노력을 통해, 보상으로 원하는 바를 누리는 것을 전부 부인하지는 않는다. 다만 하나님이 주신 한 인생을 평가하는 데 있어 출세로 인생의 성공 여부를 판단하기에는 한참 모자라다.

안타까운 것은 많은 그리스도인들도 분별력 없이 이런 식의 성공 지향주의를 꿈꾼다는 점이다. 이를 이루기 위해 열심히 기도하며 동기를 불태운다. 작정을 하기도 하고 때론 굶어가며 아이가 부모에게 떼쓰듯이 하나님을 기도로 협박하기도 한다. 자기가 그려놓은 성공이라는 큰 도화지에 하나님께서 스케치하시고 물감으로 채워 넣으시길 바란다. 실현 불가능한 그림이라도 상관없다. 도화지가 크면 클수록 한 번이라도 더 색감이 덧칠해질 수 있기에 손해 볼 것이 없다.

'긍정의 힘을 가져라. 꿈의 크기가 인생을 결정하므로 실현 불가능해도 상관없다. 큰 꿈을 꾸라.'

이런 내면의 소리까지 만들어내는 것이다.

그러나 이것이 성경적 꿈일까? 꿈이라 해서 다 같은 꿈이 아니다. 꿈에도 두 가지가 있다고 하지 않는가? 야망과 비전. 대개 세상은 꿈을 가지라고만 말하지 어떤 꿈이어야 하는지는 자세히 말해주지 않는다. 그 꿈이 정말 온 인생을 던져서 시간과 공을 들일 만한 성공인지에 대해서는 침묵한다. 단순히 더 많은 것을 누리는 것이 꿈을 이루는 삶이라 할 수 있는지, 이런 추구가 우리 인생을 행복으로 이끌 수 있는지……. 생각의 여지를 주지 않고 몰아붙인다.

험악한 세월을 산 남자의 이야기

이 남성의 인생은 우리에게 많은 교훈을 준다. 태어날 때부터 쌍둥이 형의 발을 잡아 자신이 첫째가 되려 했던 남자. 발을 잡았음에도 둘째로 태어난 것이 너무 억울해서 호시탐탐 형의 장자권에 집착했던 남자. 결국 형을 기만하고 아버지를 속여 장자권을 손에 쥔 남자. 이후 진실이 들통나자 먼 친척집으로 야반도주한 남자. 거기서도 본성을 못 버리고 원하는 야망을 이루기 위해 장장 14년간 이를 악물고 머슴처럼 일하며 주인인 삼촌과 속고 속이는 관계였던 남자. 이후 큰 몫을 챙겨 사랑하는 여인과 또다시 야반도주한 남자. 자신이 원하는 것은 어떻게든 가져야만 직성이 풀렸던 남자. 여러 명의 아내를 두어 가업을 확장하려 하였지만 자식들의 분란으로 가정이 분열되고, 그 중 한 아들은 죽은 줄 알아 13년간 자식을 가슴에 묻고 산 남자. 그렇게 나름 열심히 살았다고 하나 너무나도 우여곡절 있는 인생을 살아, 스스로도 험악한 인생을 살아왔다고 노년에 고백한 남자.

바로가 야곱에게 "그래 나이가 얼마나 되셨습니까?"
야곱이 바로에게 "…… 내 나그네 세월이 130년입니다. 지금 와서 보면 아주 험악한(고달픈 : 현대인의성경) 세월을 보냈죠……."(창 47:8, 9/저자의 표현)

야곱, 바로 그 남자의 고백이다.
죽은 줄로만 알았던 아들 요셉과 눈물의 상봉 후, 야곱은 요셉의 상관인 바로 왕과 인사를 나눴다. 바로 왕은 자신이 아끼는 충신의 아버지를 만나 첫 인사로 그의 나이를 먼저 물어 보았다. 왜 바로는 야곱의 나이를 먼저 물어봤을까? 다른 할 말도 있었을 텐데 그의 나이를 굳이 먼저 물어본 이유는 무엇이었을까? 바로는 움푹 팬 야곱의 주름살에서 험난한 인생의 여정을 보았을 것이다. 모진 세월을 살아온 흔적이 그에게 보였다. 야곱은 그가 단순히 야곱의 나이만을 물어본 것이 아님을 알았다. 아마 바로의 그 속내를 야곱은 감지했을 것이다. 이 말 속에는 사실 이 의미가 숨겨져 있지 않았을까?
"아니, 무슨 사연이기에 어떻게 10년이 훌쩍 넘도록 자식이 죽었는지 살았는지도 모른 채 사셨습니까?"
야곱은 질문의 의도를 알고 잠시 인생을 되돌아본다. 오래 걸리지 않는다. 험악한 인생, 피곤한 인생, 무언가 잡으려고 숨가쁘게 그렇게 발버둥쳤건만 그럴수록 삶은 더욱더 피폐해졌음이 떠오른다. 물론 이스라엘이라는 새로운 이름을 얻으며 하나님 앞에서 다시 새로운 인생을

20. Animal Spirit이 아닌 Holy Spirit으로!

결심한 그이기도 하였지만, 또 한편으로 인간적이고도 세상적 욕구에 찬 삶을 추구하기도 한 그였다. 아등바등 험악한 시절을 보낸 여정은 후회스러웠다.

그 야망이 행복한 삶을 보장해주지 못한다는 것을 인생의 90%를 거의 보낸 이 시점에서 야곱은 지금의 우리에게 말하는 듯하다. 헛된 야망으로 인생을 보내지 말라고 말이다. 처음에는 그것이 매력적으로 보이지만 실상은 그저 신기루에 지나지 않음을 말이다.

세상과는 다른 성공의 길

지금껏 지나온 내 삶의 길을 되돌아보자. 지금까지 걸어온 인생의 여정과 앞으로 가고자 하는 여정이 야곱이 가지 말라는 전철을 그대로 밟는 것은 아닌지 말이다. 다윗도 그의 삶 속에서 그 같은 야망의 전철을 밟을 수 있었다. 하지만 그는 자주 하나님과 교통하는 시간들을 통해 이런 우를 범치 않으려 노력했다. 그 점에서 다윗은 다른 성공의 길을 추구했다.

> 여호와여 내 마음이 교만하지 아니하고 내 눈이 오만하지 아니하오며 내가 큰 일과 감당하지 못할 놀라운 일을 하려고 힘쓰지 아니하나이다(1절).

이는 다윗이 예루살렘 성전을 향해 올라가면서 부른 시편이다. 다윗은 큰 일과 감당하지 못할 놀라운 일을 벌이지 않겠다고 고백하고 있다. 그에게 있어 감당치 못할 큰 일은 무엇이었을까? 이 시편이 다윗 인생

중 어느 시기에 쓰였는지 정확히는 몰라도 그가 왕위에 오른 후, 유대인의 절기에 따라 성전을 향했을 때 쓴 시로 추측할 수 있다.

왕이 된 다윗은 바쁜 일상을 내려놓고 성전에 올라가면서 묵묵히 생각한다. 자신의 꿈이 하나님을 향한 것이 아니라, 자아실현의 야망에 있었던 것은 아닌지……. 사람들이 보기에 멋진 일, 큰 일, 감당할 수 없는 일들 같은 것에 애쓰며 지내왔던 것은 아닌지……. 세상을 놀라게 하고 많은 사람의 반응을 즐기며 사는 인생이지는 않았는지……. 곧이어 그 같은 것들이 인생의 꿈이 될 수 없음을 다윗은 깨닫는다.

> 실로 내가 내 영혼으로 고요하고 평온하게 하기를 젖 뗀 아이가 그의 어머니 품에 있음 같게 하였나니 내 영혼이 젖 뗀 아이와 같도다(2절).

배고파 우는 아이에게 엄마 품에서 젖을 물리면 고이 잠든다. 다윗은 성전에 올라가며 하나님 품에서, 그분의 임재 안에 영적인 젖을 먹는다. 마치 고요하게 엄마 품에 잠든 아이처럼 다윗도 그런 평안함을 느꼈다. 이어 내면의 불타는 야망이 잠잠해진다.

야망이 불탔을 때는 항상 무엇에 쫓기듯이 조급하고, 성과에 스트레스를 받느라 평온을 느낄 겨를이 없었다. 이런 불안으로 영적 갈증을 느끼기에 끊임없이 다른 것으로 그 갈증을 채우려 했지만 해결되지 않았다. 영적인 인간이 갖는 근원적 갈증은 오직 하나님만이 채울 수 있기 때문이다.

성전에 올라가면서 영적 갈증이 조금씩 해갈되자 그를 짓누르는 무거운 짐들도 하나씩 벗겨진다. 여론의 비위를 맞춰야 하는 지도자의 어려움으로부터 해방되어 하나님의 뜻을 좇는 자유로 옮겨져야 한다는 사실에 대해서 깨닫는다. 스스로를 옥죄는 야망에서 평안과 안정이 있는 하늘의 비전으로 궤도를 수정하고자 한다.

하나님의 품을 떠난 영혼의 삶은 평온할 수 없다. 그것이 아무리 원대하고 멋져보일지라도 후에 험악한 인생을 보낼 뿐이다. 다윗은 왕궁에서의 복잡한 일과 나라 일을 잠시 접어두고 성전에 올라가면서 노래한다. 진정 영을 지닌 인간이 목적으로 삼아 추구해야 할 것이 무엇인지 말이다. 그것은 바로 하나님 그분 자체였다. 주변 나라를 정복하여 끊임없이 확장하고 뭔가 주위를 항상 놀라게 할 만한 일들을 벌이는 것이 전부가 아님을 깨닫게 된다. 그분 품에 있는 것이 우선임을 깨닫는다. 거기에는 사람들의 환호를 받는 거창한 무엇도, 자신을 과대 포장하는 거품도 필요 없다. 내가 이미 그분 안에 있기에 말이다.

비전의 사람이 되어

한 생명으로 이 땅에 태어난 어떤 누구도 지지부진하게 인생을 마치고 싶지는 않을 것이다. 다만 성공을 향한 꿈을 꾸되 그 꿈은 야망이 아닌 비전이어야 한다. 무슨 차이일까?

바로 하나님이 있고 없음의 차이이다. 세상 이들도 다 꿈이 있다. 하지만 그것을 비전이라 부르지 않는다. 하나님이 상실된 꿈은, 아무리 거창하고 멋져 보일지라도 야망일 뿐이다. 신기루일 뿐이다. 그 끝에 가봐야 허상밖에 남지 않는다. 야망은 불완전한 자신으로부터 나온다. 반면 거룩한 성전인 성도가 하나님을 품으면 그것은 비전이 된다. 야망은 내가 만들어 내지만, 비전은 하나님께 받기 때문이다.

다윗은 욕망을 갖고 인간적 방법들을 동원하여 왕이 된 것이 아니다. 자신이 의도한 자리가 아니었다. 하나님께서 세워주셨다. 요셉도 자신이 이집트라는 대제국의 총리가 될지 몰랐다. 그저 하나님이 기뻐하시는 것이 무엇일까를 항시 고민한 신앙을 품었다. 그 비전을 따르다 보니 총리까지 올라가게 된 것이지, 대제국의 고위 공무원 자리가 그의 인생의 목적 자체는 아니었다.

놀라운 것은 그토록 세상적으로 최고가 되기 위해서 발버둥을 쳤던 야망가 아버지 야곱보다, 하늘의 비전을 품었던 요셉이 오히려 세상에서도 최고의 위치까지 올라간 점이다. 총리는 요셉이 치밀하게 스펙을 쌓고 뜻을 품어 올라간 자리가 아니었다. 비전을 품다 보니 그 비전을 품은 요셉을 총리 자리에 하나님이 앉히신 것이었다.

사울을 봐도 그렇다. 사울의 비전이 야망으로 변질되는 즉시 그의 삶은 내리막의 연속이지 않았는가? 야망의 사람은 스스로 높아지려하나 비전의 사람은 하나님이 높이신다.

하나님이 사용하시는 사람은 야망의 사람이 아니라 비전의 사람이다. 야망의 사람은 세속적 성공을 추구하지만, 비전의 사람은 하나님의 나라가 이 세상에서 세워지길 추구한다. 그렇기에 야망의 꿈은 자기중심적이다. 이기적이다. 자신이 높아지기 위해 누군가를 짓밟고 그 위에 군림하고픈 욕망이 끓고 있다. 때론 하나님을 위해 일한다고 하지만 그 실상을 보면 그 속에 하나님으로 포장된 자신이 있다. 비전은 하나님을 향한다. 자기 부인을 통해 하나님이 드러나길 원한다. 주인공은 자신이 아니라 하나님이다. 때론 아무도 주목하지 않는 엑스트라가 되는 것도 기꺼이 반길 줄 안다.

사단은 끊임없이 하나님이 없는, 신기루와 같은 성공을 제시한다. 그것이 더 멋지고 자유롭게 보이도록 눈을 현혹한다. 마치 선악과를 먹으면 하나님으로부터 자유로워져서 새로운 세상을 살아갈 것처럼 유혹하듯이 말이다. 운명을 개척한답시고 야망에 물들어서 인생을 망치는가, 아니면 그분의 품에 거하면서 비전을 좇는가? 열심보다 중요한 것은 방향이라고 하지 않던가?

성전에 올라가면서 다윗은 성공이란, 야망의 세월을 보내는 것이 아닌 하나님의 비전을 품는 것임을 깨닫게 된다. 그도 인간적 방법과 자기중심적 사고로 자기 인생을 개척할 수 있었다. 허나 그것은 야망의 사람이 할 짓이고 자기는 비전의 사람이라는 인식을 지녔기에 그분의 뜻을 먼저 생각하며 인생을 개척했다. 다윗이라고 왜 주변의 열강 지도자들처럼 천하통일 같은 영토 전쟁에 인생을 걸고 싶지 않았겠는가?

만일 그런 세속적인 것이 성공이라면 다윗은 이에 어울리지 않는 인물이다. 성경은 다윗의 이야기로 할애할 것이 아니라 칭기즈칸, 진시황, 알렉산더, 람세스 같은 지도자들에 지면을 할애했어야 했다. 사실 나는 학창시절 학교에서 단 한 번도 다윗에 대해서 배워본 적이 없다. 수많은 역사적 인물들이 역사 교과서에 등장하지만 다윗은 거론조차 되지 않았다. 왜 선생님은 수업 시간에 단 한 번도 다윗에 대하여 가르쳐주지 않았던 것일까? 교회에서는 중요하다고 배우는데 말이다.

그 이유는 간단하다. 다윗은 세계사에서 조명될 정도로 비중 있는 왕이 아니기 때문이다. 역사적으로 다윗보다 더 큰 대국의 왕들은 즐비했다. 그들의 영토 정복은 크기부터 달랐다. 그에 비하면 다윗의 통일왕조는 세계사적 조명을 받을 정도는 아니었다.

하지만 성경은 끊임없이 다윗을 조명하고 그의 비전을 높이 평가한다. 성경은 학교 다닐 때 귀에 못이 박히도록 들은 세상의 대국을 세운 왕들에 대한 언급은 없고, 작은 나라의 왕 다윗에 주목한다. 왜? 그는 하나님이 보시기에 비전의 사람이었기 때문이다.

야망을 꿈꿨던 자들은 성전에 올라가지 않는다. 하지만 다윗은 올라간다. 그들은 영토 확장에만 관심이 있었지, 하나님의 나라에 대해서는 전혀 관심이 없었다. 그들의 심부에는 하나님이 없었다. 세상의 눈에는 성공을 이룬 것처럼 보일지 모르지만 하나님께는 험악한 세월을 보낸 영욕의 발자국에 지나지 않는 동물적 인생들이었다.

2008년 글로벌 금융위기로 전 세계적 불황의 여파가 몰아쳤을 때, 노벨경제학상 수상자인 로버트 쉴러 교수는 이런 금융위기는 금융시스템의 문제라기보다는 인간의 욕망이 이런 결과를 낳은 것이라고 평했다. 그래서 그는 『야성적 충동』이라는 자신의 저서를 통해 경제는 합리적 사고와 이성적 사람들의 판단에 의해 움직이는 것이 아니라 '야성적 충동(Animal Spirits)', 우리말로 하면 동물적 영에 의해 움직인다고 하였다. 즉, 사람들이 공동의 선을 추구하거나 건강한 기업가 정신을 갖고 경제에 활력을 주는 것이 아니라, 인간에게 내재되어 있는 욕망들이 주식이나 부동산 시장을 비이성적으로 과열시켜서 나중에는 그들 자신까지도 파멸하도록 이끌었다는 것이다.

　욕심과 야망에 찬 사람들이 만드는 세상, 그것이 성공이라고 추구하는 사람이 만드는 세상은 동물적 영이 넘치는 야성적 충동의 사회로 치달을 수 있다는 경고의 메시지였다.

　야망은 동물들이나 꾸는 것이다. 주님의 자녀들은 Animal Spirit이 아닌 Holy Spirit을 지닌다. 하나님께서는 사람을 자신의 형상에 따라 창조하셨다고 하였다. 동물에게도 똑같이 육체를 지어주셨지만 오직 인간에게만 생기, 즉 영을 불어 넣어주셨다고 하였다.

　우리는 그분을 닮은 존재이다. 영적 존재는 동물처럼 피라미드의 꼭대기에 올라가려는 야성적 충동에 이성을 마비시키지 않는다. 영이신 하나님을 따르며 그분의 뜻에 자신을 끊임없이 점검하고 신중하게 나아간다. 다윗의 마지막 고백을 들어보라.

　이스라엘아 지금부터 죽기까지 여호와 하나님을 먼저 바랄지어다(3절).

　목숨이 살아 있는 매 순간, 마지막 이 생을 마칠 때까지 먼저 꿈꾸고 바랄 것은 하나님을 향한 목적이다. 그분이 나를 이 땅에서 세워 무엇을 하기를 원하시는지 기민하게 깨닫고, 그 뜻대로 나의 인생을 설계하고, 거기에 맞춰갈 때 우리는 진정 비전의 사람이 된다.

　존 오웬 목사는 그 사람의 욕망을 보면 그가 어떤 사람인지 알 수 있다고 했다. 나는 어떤 사람인가? 나의 시각의 초점이 지금 어디에 맞춰져 있는가? 이 물음에 시원하게 대답할 수 있는가? 이를 고민하며 그 목적을 바로 하고자 삶으로 선행할 때, 우리의 인생은 야망에 물들어 이 땅에서 끝나버릴 험악한 인생이 아닌, 하나님의 뜻과 세상을 잇는 비전의 인생으로 살아갈 수 있다.

21.
매일의 오늘을 만들다

내가 주의 이름을 영원히 찬양하며 매일 나의 서원을 이행하리이다(다윗의 시 61:8).
내가 여호와를 항상 내 앞에 모심이여 그가 나의 오른쪽에 계시므로 내가 흔들리지 아니하리로다(다윗의 시 16:8).

우리는 하루 24시간, 매일 오늘을 살아간다. 그 매일이 쌓여서 지금의 내 인생이 만들어진 것이다. 매일 일어날 확률도 작은 염려에 대해서 곱씹어 생각한다면 실상 내 삶도 그런 걱정거리들로 가득한 삶이 되는 것이고, 매일 희망을 품고 소망하면 내일의 삶은 그만큼 희망과 소망으로 가득 차게 될 확률이 높아지는 것이다. 우리가 매일 신경 쓰는 그것이 나도 모르는 새 목적이 되어 그것대로 이끌린다.

"그가 지금 무슨 책을 읽고 있는가를 보면 그를 알 수 있다. 3년 후, 10년 후 어떤 사람이 될지는 어떤 책을 읽느냐가 중요한 요소로 결정될 것이다. 우리는 우리가 읽은 것으로 만들어진다."

마더 말러의 말이다. 책을 읽게 되면 사람은 생각을 하게 된다. 그렇게 오늘 쌓인 생각들이 미래의 나를 만들어 간다. 그래서 과거의 생각이 오늘의 내가 되기에 지금 내가 하고 있는 생각이 무엇인지 파악해야 하는 이유가 여기에 있다. 생각은 내 인생을 끌어가는 신념이 되기 때문이다. 그 신념을 바르게 세울 때만 하나님 앞에서 우린 바른 인생을 살아가게 된다.

다윗의 생각

그럼 다윗은 매일 무슨 생각을 하면서 살았을까? 그렇게 하나님께서 기쁘게 사용하셨던 그 다윗은 매일 무슨 생각을 하면서 지냈을까?

> 내가 주의 이름을 영원히 찬양하며 매일 나의 서원을 이행하리이다(다윗의 시 61:8).
> 내가 여호와를 항상 내 앞에 모심이여 그가 나의 오른쪽에 계시므로 내가 흔들리지 아니하리로다(다윗의 시 16:8).

실수 많은 인생이었지만 다윗의 근본적 신념이 무엇이었는지 보여주는 대목이다. 그는 매일 하나님 앞에서 자신이 하나님과 약속했던 것을 지키려고 했고, 매 순간 하나님을 자신 앞에 모시려고 부단히 애썼다. 물론 우리도 알다시피 그가 항상 그러했던 것은 아니었다. 결심은 했으나 작심삼일이 된 적도 적지 않았을 것이다. 하지만 다윗의 중심에 흐르는 기조 속에는 하나님을 향한 확고한 신념이 맴돌고 있었다. 다윗의 속

내가 담긴 시편을 보면 이를 충분히 느끼고도 남는다. 특히 그가 인생의 마지막 순간에 아들 솔로몬에게 들려주었던 유언에서 그 신념이 더욱 도드라진다.

> 내가 이제 세상 모든 사람이 가는 길로 가게 되었노니 너는 힘써 대장부가 되고 네 하나님 여호와의 명령을 지켜 그 길로 행하여 그 법률과 계명과 율례와 증거를 모세의 율법에 기록된 대로 지키라 그리하면 네가 무엇을 하든지 어디로 가든지 형통할지라(왕상 2:2, 3).

임종을 앞두고 다윗은 아들에게 말한다.
"가슴이 넓은 사나이다운 대장부가 되어라. 대장부란 하나님의 말씀을 잘 지켜 행하는 사람이란다. 그렇게 할 때 형통한 인생을 살 수 있음을 기억해라."
영어성경에서는 이 형통을 'prosper', '번영'이라고 번역했다. 하나님의 말씀이 너를 붙들어서 무엇을 하든 어디로 가든, 번영하는 인생을 살게 될 것이라는 요지였다. 아버지가 사랑하는 자식에게 마지막으로 주는 유언인데 아무거나 대충 말하겠는가? 지금껏 살아오면서 깨달은 인생의 가장 큰 핵심가치를 사랑하는 자식에게 말하고 싶었을 것이다.
이뿐만이 아니다. 성경 곳곳에서 이런 신앙 고백은 넘쳐난다.

> 이는 다윗의 마지막 말이라 …… 여호와의 영이 나를 통하여 말씀하심이여 그의 말씀이 내 혀에 있도다(삼하 23:1, 2).

> 내 집이 하나님 앞에 이 같지 아니하냐 하나님이 나와 더불어 영원한 언약을 세우사 만사에 구비하고 견고하게 하셨으니 나의 모든 구원과 나의 모든 소원을 어찌 이루지 아니하시랴(삼하 23:5).

하나님의 말씀이 자신의 혀에 있다고 하였다. 무슨 말일까? 매일 혀로 말씀을 외우고 가슴에 심었다는 말 아니겠는가? 그리고 영원한 언약을 하였다고 한다. 다윗이 믿었던 하나님은 약속을 지키시는 하나님이셨다. 어떤 처지, 어떤 곤궁에 처한다 할지라도 반드시 그 언약을 기억하시고 성취하실 분이셨다. 다윗도 그분의 약속을 믿었다.

> 내가 하늘에 올라가도 주는 거기 계시며 내가 하계에 가서 누워도 주는 거기 계십니다. 내가 새벽 날개를 타고 바다 저편 가장 먼 곳에 가서 살지라도 주는 거기서도 나를 인도하시고 주의 오른손으로 나를 붙드실 것입니다(다윗의 시 139:8-10/현대인의성경).

매일 다윗은 수시로 이 확신을 갖고 하나님을 대하고자 꾸준히 노력했음을 볼 수 있다. 이러한 신념이 별 볼일 없이 초라한 다윗을 위대한 다윗으로 만들었다. 이런 신념으로 매일 자신의 마음을 확증하는데, 어떻게 나쁜 생각과 절망적 생각이 머무를 수 있겠는가?

다윗도 인생의 수많은 희로애락을 겪었던 사람이다. 다윗의 역사서와 시편을 읽다 보면 다윗의 고생담이 적잖이 나온다. 그러나 그가 그 고생에 갇혀 살지 않을 수 있었던 것은 매일 묵상하는 그 하나님이 그를 붙잡아 주었기 때문이다. 그 매일의 힘이 있었다. 숨을 거두기 직전인 그날도 그는 확신했다. 죽음을 두려워할 수 있는 순간임에도 하나님께서는 자신과 함께하심을 믿었다. 그래서 이를 유언으로 피력한 것이다.

『목적이 이끄는 삶』에서 릭 워렌 목사는 "한 문제를 놓고 반복적으로 생각하면 그것을 걱정이라 부르지만 하나님의 말씀을 반복해서 생각하면 그것은 묵상"이라고 정의했다. 걱정하는 인생이냐 묵상하는 인생이냐는 이런 차이이다. 다윗을 다윗 되게 했던 것은 매일의 힘이었다. 매일 말씀과 기도로 훈련과 연습의 반복이었다. 매일 하나님을 생각하고 자신을 뒤돌아봤다. 오늘을 매일 반복한 결과가 오늘날 기억되는 다윗을 만들어냈다.

만일 역으로 다윗이 절망적이고 부정적 생각으로 계속 하루를 보냈다면 그는 거기에 훈련되었을 것이다. 바른 연습을 할 때 바른 인생이 형성된다. 계속 하나님이 함께하심을 인식하며 감사하고 기도하도록 연습하는 것이다. 훈련하는 것이다. 이런 매일의 연습이 항상 주 안에서 기뻐하고, 범사에 감사하고, 쉬지 않고 기도하는 생활의 신앙을 삶으로 투영시킨다. 이것이 너희를 향하신 하나님의 뜻이라고 하였다. 하나님께서는 우리가 그와 같은 매일을 보내길 원하신다. 이것이 우리를 향한 하나님의 뜻이자 의도이다.

내 뜻대로 되는 것이 아니었음을

투수 마리아노 리베라, 뉴욕양키즈라는 메이저리그 야구팀을 대표하는 선수이다. 지금은 은퇴했지만 운동 선수로서는 드물게 마흔이 넘는 나이까지 메이저리그 최고의 투수로 대우 받았다. 미국인 중에 리베라를 모르는 사람은 없다고 해도 과언이 아닐 정도로 메이저리그 역사에 큰 획을 그은 선수였다.

리베라가 현역 시절에 한국 스포츠 언론의 한 기자가 그를 인터뷰하러 간 적이 있었다. 기자가 그를 만나기 위해 라커룸에 갔지만 그와 바로 인터뷰하지는 못했다. 왜냐하면 그가 성경을 읽는 중이었기 때문이다. 이후 인터뷰를 했는데 그 내용이 상당히 인상적이다.

성경을 읽는 리베라를 보고 신기했던 기자가 매일 경기 시작 전 성경을 읽느냐고 물으니까 "매일 읽는다."고 답했다. 이어 하루에 몇 번 읽느냐고 되묻자 "시간이 날 때마다 성경을 읽는다."라고 하였다.

이어지는 본격적인 질문에서도 리베라의 대답은 인상적이다. 기자가 경기의 위기 순간마다 마운드에 올라 타자들과 상대해 거의 대부분 승리를 거두는데 어떤 마음으로 던지는지 묻자 그의 대답은 이랬다.

"지금까지 한 번도 내 힘으로 타자들을 상대한 적이 없고, 마운드 위에서 공을 던질 때 하나님께 모든 것을 맡기는 마음으로 던집니다. 나는 단지 매일 기도하며 성경을 읽을 뿐이지요."

기자는 뭔가 야구의 기술적인 대답을 원했는데 리베라의 대답은 종교적인 답변이었다. 그래서 기자는 좀 분위기를 환기시키고 싶었던 것 같다. 일반스포츠 기사인데 종교적인 색채를 보일 순 없지 않은가? 그는 다시 물었다.

"당신을 보통 양키즈의 '수호신'이라고 부르는데 본인은 그 말에 대해서 어떻게 생각합니까?"

"저는 신이 아닙니다. 그리고 저는 아무런 힘이 없습니다. 저의 신은 주님(Jesus)입니다."

첩첩산중이다. 아마 기자는 이쯤에서 더 이상 자신이 원하는 답변을 얻을 수 없겠다 생각하고 포기한 것 같다. 이어 그에게 신앙심이 매우 깊은 것 같은데 언제부터 종교생활을 했냐고 묻자 "20살 때부터 교회를 다녔다." 면서 한 그다음 대답이 참 멋있다.

"당시에는 어린 나이였지만 야구가 내 힘으로 되는 것이 아니라는 것을 깨달았습니다."

인터뷰를 한 기자는 리베라를 만나고 상당히 의외였다고 기사에 적었다. 그 기자는 기독교 언론 기자가 아니라 스포츠 언론 기자였기에 더욱 그랬다. 전문성 있게 경기 중 공을 던질 때 투심과 포심을 어떻게 던지고, 변화구는 이렇게 하고, 웨이트트레이닝은 이렇게 하고……. 이런 전문적 대답을 해야 그럴싸한 스포츠 기사 거리가 되지 않는가? 그런데 난데없이 "성경을 읽는다. 나는 기도를 한다." 하니 미국까지 날아가서 힘들게 따낸 인터뷰가 처음 방향과는 거리가 있었을 것이다.

그러나 리베라 입장에서는 정말 그 힘으로 자신이 선수생활을 할 수 있었던 것이었다. 메이저리그의, 그것도 매 경기마다 사람들이 가득한 양키즈 구단의 투수로 말이다. 게다가 리베라의 보직은 마무리 투수였다. 선발로 활동한 것이 아니다. 만약 5:4 스코어인데 그 경기가 막판이면 등판을 해야만 한다. 마지막으로 등판 투수로서 그 스코어를 방어해야 한다. 즉 공 하나 잘못 던지면 완전히 판세가 뒤집어지고, 잘못하다가는 경기의 모든 책임을 혼자 다 뒤집어 쓸 수 있는 보직이다. 메이저리그 선발투수는 보통 5일에 한 번씩 등판을 서는데, 마무리 선수는 경기가 이어지는 매일 마운드에 오를 수도 있고 이틀 혹은 삼일에 한 번 오를 수도 있다. 확실한 대중이 없다. 경기가 어떻게 흐르는가에 따라 5분 대기조처럼 항시 대기하고 있어야 하기에 그 스트레스 강도가 웬만한 보직 선수들보다 크면 크지 작다 할 수 없다.

리베라 선수가 수많은 시합의 중압감을 오랫동안 견딜 수 있었던 것이 단지 공을 잘 던져서 가능했다고 보는가? 그것이 아니다. 매일 그가 만나는 하나님이 그를 붙들어 주었던 것이다. 그래서 그는 인터뷰에서 그것을 비법으로 공개한 것이다. 그는 이렇게 기도하지 않았을까?

"하나님, 마운드에 오릅니다. 승패를 떠나 하나님께 모든 것을 맡기고 최선을 다해서 공을 던지게 하시고 두려워하지 않도록 도와주시옵소서. 나를 붙들어 주옵소서!"

내 시간과 내 생활의 주인

일본 동경대학의 의학전문의 이시우라 쇼이치는 사람의 습관을 바꾸는 것은 매우 어려워 뇌구조 자체가 변하지 않으면 바뀌지 않는다고 하였다. 그래서 이런 뇌의 구조를 바꾸기 위해서는 최소 한 달 동안 그것을 위해 꾸준히 반복하는 훈련이 필요하다고 하였다. 끊임없는 반복 훈련을 통해 생각 자체를 바꿔야 한다는 것이다. 습관에 대한 여러 견해가 있겠지만 그만큼 우리의 습관이라는 것은 고치기가 쉽지 않음을 말하는 게 아니겠는가?

파스칼은 "습관은 제2의 천성이며, 제1의 천성을 파괴한다."고 했다.

사단은 쉼 없이 좋지 않은 영과 정신세계를 통해서 우리에게 마귀 자신의 생각을 집어넣으려고 혈안이 되어 있다. 그것은 미디어로부터, 혹은 인간관계를 통해서 오기도 하고 우리가 접하는 책과 교육 등을 통해서 오기도 한다. 그렇기에 말씀과 기도의 방패로 날마다 견고히 하지 않으면 어느 순간 우리 정신과 영에 머물며 송두리째 내 삶을 빼앗는다.

나는 어떠한가? 매주 자신을 하나님 앞에서 반추하고 비전을 되새기는가? 매일 하는가? 튼튼한 영성과 그에 기초한 정신은 어디서 온다고 생각하는가? 매일 텔레비전과 인터넷, 각종 오락거리들을 통해서 올 수 있다고 생각하는가? 분명 그것은 아니다. 매일 하나님을 만나는 것이다. 그분을 내 시간과 내 생활에 지속적으로 모시는 것이다. 그리할 때 우리는 놀라운 하나님의 존재를 깨닫고 영적으로 흥왕하며 강성하여진다. 다윗이 그랬다.

> 항상 기뻐하라 쉬지 말고 기도하라 범사에 감사하라 이것이 그리스도 예수 안에서 너희를 향하신 하나님의 뜻이니라(살전 5:16-18).

22.
마스터플랜이 준비되다

여호와는 나의 목자시니 내게 부족함이 없으리로다 그가 나를 푸른 풀밭에 누이시며 쉴 만한 물가로 인도하시는도다 내 영혼을 소생시키시고 자기 이름을 위하여 의의 길로 인도하시는도다 내가 사망의 음침한 골짜기로 다닐지라도 해를 두려워하지 않을 것은 주께서 나와 함께하심이라 주의 지팡이와 막대기가 나를 안위하시나이다(다윗의 시 23:1-4).

이끄시는 목자를 믿다

맹자가 쓴 글을 읽어보지는 않았어도 맹자와 맹자의 어머니에 얽힌 '맹모삼천지교' 이야기는 대부분 잘 알고 있을 것이다. 그런데 이 이야기가 시대를 거치며 새롭게 재해석되었다. 누군가는 '역 맹모삼천지교'라고도 하는데, 맹자의 어머니가 곡하는 소리가 끊이지 않는 묘지 부근과 시끌시끌한 시장터로 이사를 갔던 것은 미리 계산된 계획이었다는 것이다. 묘지에서는 태어나지만 언젠가는 죽을 수밖에 없는 인간의 운명을 보게 하기 위함이었고, 반대로 시장에서는 소란스럽지만 생생한 삶의 현장을 체험토록 한 교육이었다는 해석이다.

똑같은 사실을 두고 해석이 다르다. 어떤 해석이 맞는 것 같은가? 우리가 익히 알고 있는 원 해석인가? 아니면 후대에 풀이된 재해석인가? 대답하기가 애매하면 질문을 바꿔서, 어떤 해석이 더 마음에 드는가? 개인적으로는 후대의 해석이 더 마음에 든다. 온실 속의 화초처럼 좋은 것만 보고, 좋은 환경에서만 자라나게 하는 것이 아니라, 때로는 거친 것도 보고 경험하게 함으로써 대인으로 키우려는 어머니의 교육이 더 폭넓어 보인다.

우리가 하나님을 믿고 신앙생활을 하다 보면 구원의 감격과 적재적소에서 끊임없이 간섭하시는 하나님의 넘치는 사랑을 깨닫게 된다. 동시에 우리가 원치 않는 길로 인도하시어 우리로 하여금 어려움에 처하게 하실 때가 있다.

'정말 이런 것은 안 봤으면 좋겠는데, 이런 경험은 하지 않았으면 좋겠는데, 왜 이런 일이 내게 일어날까? 하나님은 왜 이런 어려움이 일어나도록 허락하시지?'

초창기 나의 사역지는 비닐하우스촌이 밀집한 곳에 있었다. 장년이 많이 나오면 40여 명에, 중고등부 학생 3, 4명의 작은 교회였다. 그 중 중고등부 사역을 겸하였는데, 이 다섯 명도 안 되는 아이들을 데리고 사역을 하는 것이 여간 힘든 것이 아니었다. 어떤 친구는 기분이 뒤틀리면 교회만 안 나오는 것이 아니라 학교도 가지 않았다. 그 학생의 아빠는 툭하면 술을 마시고 집에 들어와 애들을 때렸다. 그러면 아이는 멍이 시퍼렇게 든 채로 교회를 왔다. 엄마는 정신 병원에 가 있다고 했다. 교인들 대부분이 하루 벌어 하루 먹고 사는, 삶의 무게에 찌든 가난하고 아픈 사람들인 교회였다.

그런 어려운 교회에서 적은 사례비를 받는 것조차 미안하여 그 사례비를 갖고 학생부 예산으로 활용했을 정도다. 어려운 교회는 예산이라는 말 자체가 없다. 있으면 쓰고, 없으면 못 쓰는 거다. 교회에 일손도 모자라기 때문에 화장실 청소부터 새벽 설교까지 여러 일을 해야만 하는 교회였다. 20대 중반도 안 된 전도사가 뭘 알겠는가? 그냥 닥치면 하는 것이다. 그렇게 사역을 하면서 에피소드가 많았는데 특히 학생부 예배 때는 가관도 아니었다.

학생들이 교회에 잘 안 나온다. 밤늦도록 집 밖에서 돌아다니다가 늦게 집에 들어와 새벽에 자니 못 일어나는 것이다. 전화를 해도 받지 않는다. 그러면 집에 직접 찾아가 이불 다 걷어버리고 깨워서 씻으라고 한다. 그러면 마지못해 퉁퉁 부은 눈으로 일어난다. 아이들 입장에서는 짜증나는 일이다. 좀 더 자고 싶은데 전도사가 와서 극성을 부리니 말이다. 씻으면서 입에 불만이 가득하다. 그렇지만 그 아이들을 예배에 참여하게 하고 학교에 가도록 독려하는 게 내 소임이라 생각했으므로 크게 개의치 않았다.

그렇게 세 녀석을 모시고 교회로 오면 예배 시간이 약 15분 남는다. 같은 장소에서 정시에 장년예배가 시작하기 때문이다. 그럼 15분 동안 제대로 된 예배를 드리는가? 그것도 아니다. 떠들고 장난을 친다. 그래서 설교 태반은 예수님 이야기보다 "조용히 안 하냐! 예배 중에는 욕하지 말라고 했지!" 이러다가 주일 예배가 끝나는 것이다.

매주일 이런 전쟁을 치르듯 사역하는데 어느 날은 도대체 하나님께서 왜 날 이런 사역지로 보내셨는지 의문이 들었다. 하고많은 교회 중에서, 왜 경험도 없는 초짜를 이렇게 고생시키는지 (물론 후에 이 아이들이 신앙적으로 성장해서 변화의 움직임도 있었지만) 당시로서는 하나님의 의도를 이해하기 어려웠다.

이후 시간이 흘러 다음 사역지로 옮기게 되었는데 그 전의 교회와는 180도 달랐다. 대내외적으로 많은 존경을 받던 초대 목사님의 성경적 교회 철학이 잘 뿌리내려 모범적인 교회로 소문난 곳이었다. 사역하는 기간 동안 성숙한 교인들을 만났고 거룩한 도전도 받아 폭넓은 사역을 꿈꾸고 경험할 수 있었던 시간이었다. 감사가 절로 나올 만한 사역지였다. 솔직히 편하기도 했다. 그 전처럼 속을 박박 긁어놓는 애들도 없었고, 사례비도 불편하게 받지 않아도 되었기 때문이다.

'아, 이제야말로 하나님이 나를 인도하시는 구나. 진짜 하나님께서 날 도우시는구나.'

그리고 오래 지나지 않아 이 생각이 얼마나 철없는 생각이었는지 깊이 깨닫게 되었다.

어느 날 듣게 된 한 목사님의 간증 때문이었다. 본인이 지금의 교회를 개척해서 교계로부터 좋은 주목을 받게 된 것이, 자신이 전에 몸담았던 유명한 교회에서 훈련을 받았기 때문이라는 평가를 들으셨다고 했다. 그러나 목사님은 물론 그 교회에서 배운 것이 많았지만 사실 그 전에 사역하였던 달동네에서의 경험 또한 컸음을 이야기하셨다.

연탄불도 제대로 들어오지 않는 어려운 달동네 지역에서, 독감에 걸려가며 가난한 사람들과 부대껴보니 교회를 바라보는 시야가 넓어졌다는 것이다. 이후 교회를 세우고 이끌어갈 때 다양한 사람들이 모인 교회의 생리를 이해하는 초석이 되었다고 했다. 그 모든 배후에는 순간순간 자신의 인생길을 세세하게 간섭하시는 하나님의 계획이 있으셨다고 간증을 마치셨다.

간증을 다 듣고 난 후, '나는 왜 거기까지 생각을 못했을까?' 라는 후회가 밀려왔다. 나는 당시 환경만 주목해서 보니까 환경이 좋으면 하나님이 인도하시는 것이고, 환경이 좋지 않으면 하나님의 인도와 계획이 없거나 적다고 단순하게 생각했던 것이다.

그러나 그것은 어디까지나 나의 생각일 뿐이었다. 하나님께서는 이미 나를 향한 계획, 마스터플랜을 갖고 계셨다. 즉 내가 어려운 사역지에 있을 때나 많은 것이 갖추어진 사역지에 있을 때나, 그 환경이 좋을 때나 그렇지 않을 때나, 언제나 나를 향한 큰 그림의 계획이 있으셨는데 그것을 그제야 깨닫게 되었다.

여호와는 나의 목사시니 내가 부족함이 없으리로다.
그가 나를 푸른 풀밭에 누이시며 쉴 만한 물가로 인도하시는도다.

일반적으로 아침이 밝아 오면 목자는 양을 데리고 양몰이를 한다. 그런데 정상적 목자라면 아무 계획 없이, 아무 생각 없이 즉흥적으로 양을 이끌지 않는다. 틀림없이 어떤 목적지에 대한 계획을 갖고 양을 이끌고 간다. A라는 산에 양들이 먹을 만한 풀이 많으면 A라는 산에 목적과 계획을 두고 양을 이끌고, 만일 B라는 산에 풀이 더 신선하고 먹을 것이 많으면 B라는 산에 목적과 계획을 두고 양을 이끌어간다.

그리고 목적지에 가는 동안 여러 지형을 거치게 된다. 가기 편한 평지를 건널 수도 있고 돌무더기가 있는 험준한 지역을 건널 수도 있다. 심하면 아주 칠흑같이 음산한 분위기의 골짜기를 건널 수도 있다. 하지만 양은 소요하거나 불안에 떨지 않는다. 목자가 정확한 목적지와 계획을 갖고 자신들을 이끌기 때문이다.

교회에서만 오랫동안 사역하다 보니 세상에 대해 감각이 떨어지는 것 같아, 세상을 조금이라도 경험할 겸 틈틈이 여러 일을 했었다. 그 중 호주로 워킹비자를 받아 농장에서 농부로 일할 때다. 호주 농장에는 양이 많다. 그때 양들의 습성을 유심히 관찰하며 느꼈던 것은 참 양은 순둥이라는 점이었다. 양몰이 목자가 이끄는 대로 어찌 그리도 잘 따라가는지 모른다. 어떤 지형을 가든 양몰이 목자가 인도하는 대로 순순히 별 요동 없이 잘 따라간다. 양치기 유경험자였던 다윗은 그런 양의 습성을 빗대어 이렇게 고백한다.

> 내가 사망의 음침한 골짜기를 다닐지라도 해를 두려워 하지 않을 것은 주께서 나와 함께하심이라 주의 지팡이와 막대기가 나를 안위하시나이다.

푸른 풀밭에 있을 때만 양이 안심하고 목자가 잘 인도해준다고 생각한다면 그것은 목자를 보고 평안과 안심을 느끼는 것이 아니라 환경과 상황을 본 것이다. 이는 역으로 환경과 상황이 푸른 풀밭이 아니면, 아무리 목자가 옆에 있어도 불안과 염려로 떨게 된다는 말이다.

다윗은 푸른 풀밭에 있을 때만이 아니라 사망의 음침한 골짜기에 다닐 때도 목자인 하나님이 함께하신다고 고백하였다. 그래서 불안에 덜덜 떨지 않는다고 하였다.

내 평생에 선하심과 인자하심이 반드시 나를 따르리니
내가 여호와의 집에 영원히 살리로다.

목자인 하나님이 양인 나를 여호와의 집이라는 최종 목적지에 정확한 계획성을 갖고 선하심과 인자하심으로 이끌어 주시기 때문이다. 얼마나 거기에 대한 확신이 컸는지, '반드시'라고 했다. 다윗은 흔들리지 않는 목자를 향한 강한 신뢰가 있었다.

음침한 골짜기에서도 함께하심을 믿다

다윗과 더불어 하나님의 계획하심에 대한 신뢰성이 확고했던 사람이 또 있었다. 아브라함이다. 이 장에서는 아브라함의 이야기를 좀 더 하고 싶다. 하나님께서 어느 날 아브라함에게 그가 머물고 있던 고향으로부터 떠날 것을 명령하셨다.

여호와께서 아브람에게 이르시되 너는 너의 고향과 친척과 아버지의 집을 떠나 내가 네게 보여줄 땅으로 가라(창 12:1).

이미 언급했듯이 하나님께서는 자신의 자녀를 향한 계획을 갖고 계시다. 마찬가지로 하나님께서는 자녀 아브라함을 향한 계획을 동일하게 갖고 계셨다. 그럼 왜 하나님께서는 아브라함에게 고향을 떠나라고 명하셨을까? 도대체 아브라함을 향한 그분의 계획이 무엇이었을까?

이를 알기 위해서는 당시 아브라함의 고향이 어떤 곳이었는지 살펴볼 필요가 있다. 인류가 창안해낸 문명 중에서 최고로 꼽히는 문명이 있다. 바로 수메르 문명이다. 이때 최초의 도시국가 개념이 수립되었고, 최초의 문자가 사용되었고, 최초의 법전이 제정되었고, 최초의 학교도 세워졌다. 모든 부분에 있어서 최초이다 보니 역사상 가장 찬란한 문명으로 평가 받는다. 수메르 문명이 꽃을 피운 지역이 메소포타미아 남부지역인데 성경은 이 지역을 시날 평지라고 일컫는다.

이곳은 우리가 잘 아는 바벨탑 사건이 일어난 곳이다. 아브라함이 아비의 집을 떠나는 창세기 12장 장면, 바로 앞장인 11장은 바벨탑 사건을 기록하고 있다. 바벨탑이라는 최신식 건축물이 세워질 수 있었던 배경에는 이런 고도로 발달된 문명이 자리 잡고 있었던 것이다.

더군다나 이 시날 평지가 관심을 끄는 이유는 바로 이곳이 아브라함의 고향인 '우르'가 있는 곳이기 때문이다. 즉 아브라함의 고향인 '우르'는 역사상 최고의 문명으로 평가 받던 수메르 문명의 중심지였다. 가장 살기 좋은 곳이었다.

구약학자 박준서 교수는 "그렇게 안락한 도시에서 아브라함은 가족을 이끌고 문화적으로도 낙후되고, 지형적으로 척박한 가나안 땅으로 이주해야 했다. 인간적 측면에서 보면 메마른 '가나안 땅'에서 비옥한 문명도시 '우르'로 이주하는 것이 합당해 보이지만 하나님은 인간의 타산적 계산을 초월하셨다."고 평했다.

하나님께서는 일반적 사람의 생각과는 정반대로 사람이 살 만한 도시에서 척박한 가나안 땅으로 떠나갈 것을 명령하셨다. 시편 23편의 표현을 빌리면 고향인 '우르'는 푸른 풀밭이었고 '가나안 땅'은 사망의 음침한 골짜기였다.

인간적 눈으로 보면 그만 한 푸른 초장도 없는데 아브라함은 왜 떠나야만 했을까? 이는 앞장인 11장과 연관지어서 봐야 한다. 아브라함의 고향인 우르가 속한 시날 평지에서 바벨탑 사건이 벌어졌다고 했다. 바벨탑 사건은 '같은 언어를 쓰던 한 민족이 언어가 달라져 여러 민족으로 나뉘어졌다.'는 단순한 이야기가 아니다. 이 사건은 인간의 이름을 내걸고 유토피아를 만들어 하나님보다 더 높아지려 한 욕망을 반영한 것이었다. 사람들이 보기에는 발달한 지역이고 살 만한 지역일지 모르지만, 위로 하나님을 무시하고 옆으로는 자신들의 끓는 욕망을 행사하고자 한 인간의 발칙한 시도가 가득한 곳이었다.

하나님께서는 그곳에 더 이상 비전이 없다고 보셨다. 그래서 바벨탑을 무너뜨리시고 이후에 새로운 사람을 통해서, 새롭게 가나안에 하나님의 나라를 세우고픈 계획이 있으셨다. 그 새로운 사람이 바로 아브라함이었고 아브라함의 인생은 하나님의 거대한 계획의 새 시작이었다.

> 내가 너로 큰 민족을 이루고 네게 복을 주어
> 네 이름을 창대하게 하리니 너는 복이 될지라(창 12:2).

기억해야 할 것은 아브라함의 태도이다. 아브라함의 상황을 보라. 사실 척박한 가나안 땅으로 갈 만한 상황이 못 된다. 나이도 70이 훌쩍 넘을 정도로 많다. 딸린 식구도 있다. 거리는 오죽 먼가? 자동차가 있었겠는가? 그곳에는 아는 사람도 없다. 전혀 그 땅에 대한 정보도 없는 상황에서 정말 사망의 음침한 골짜기 같은 그곳으로 가는 것은 아주 위험한 모험이었다. 잘못되면 아브라함뿐만 아니라 가족 전체가 위험해질 수 있는 상황이었다. 그럼에도 불구하고 아브라함은 고향 땅을 떠나 가나안으로 가는 용기와 기백을 보여준다.

내가 네게 보여줄 땅으로 가라!

아브라함은 하나님께서 확실히 보여주실 것이 있음을 믿었다. 자신을 향한 하나님의 계획에 대해서 100% 신뢰했기 때문이다. 이런 아브라함의 신앙을 히브리서 11장 8절은 이렇게 말한다.

믿음으로 아브라함은 부르심을 받았을 때에 순종하여 장래의 유업으로 받을 땅에 나아갈새 갈 바를 알지 못하고 나아갔으며.

아브라함이 그 땅에 대해서 알고 간 것이 아니었다는 것이다. 그럼에도 갔다. 거기에 무엇이 있고 어떤 일이 벌어질지는 모르지만 틀림없이 목자 되신 하나님께서 양 된 아브라함을 향한 마스터플랜을 갖고 계시기에, 거기가 푸른 초장이든 험난한 골짜기든 문제가 되지 않았다. 고향

우르에서 함께하셨던 하나님이 가나안 땅에서도 함께하실 것을 믿은 것이다. 그렇기에 모험의 땅으로 떠날 수 있었다.

세월이 흘러 99세의 아브라함에게 하나님께서는 이렇게 말씀하셨다.

내가 내 언약을 나와 너 사이에 두어 너를 크게 번성하게 하리라(창 17:2).

75세 때도 정확한 계획을 갖고 인도하셨던 그 하나님이, 99세가 된 아브라함의 인생 여정에 여전히 함께하고 계셨다. 하나님께서는 아브라함에게뿐만 아니라, 우리를 향한 인생의 계획을 갖고 계시다. 세밀하고 철저한 계획을 말이다. 하지만 이런 하나님의 마스터플랜을 신뢰하지 못하면 험준한 인생의 지형을 우리의 연약한 정신력과 체력으로 다 껴안을 수밖에 없다.

우리가 좋은 환경에 있을 때만 하나님께서 인도하신다고 말할 수 없다. 그때만 하나님의 섭리가 작용된다고 말할 수 없다. 하나님을 향한 신뢰란 절망적 환경에서도 하나님이 함께하시고, 나를 향한 계획이 끊임없이 지금도 실행되고 있음을 믿는 것이다. 다윗이 23편에서 노래하는 것이 무엇이던가? 푸른 초장에 있을 때만 함께하신다고 하던가? 아니다. 사망의 음침한 골짜기에 있을 때에도 함께하신다고 말한다. 왕궁에서뿐만 아니라, 사울의 위협과 10여 년의 지독한 광야 생활 가운데서도, 그의 삶 곳곳에서 함께하신 그 하나님을 담담하게 노래하고 있다.

아브라함이 증거하는 것이 무엇이던가? 그를 향한 하나님의 위대한 계획을 증명한다. 이들의 이야기를 성경이 증언하는 이유는 그때도 살아서 함께하셨던 하나님이, 오늘도 동일하게 우리 삶을 섭리하신다는 메시지를 전달하기 위함이다.

반드시 있다

"나는 무인도라는 이 참담한 상황 속에 있으면서도, 무인도 이전의 타락한 삶보다 지금이 얼마나 더 행복한지를 이제야 깨달았다."

『로빈슨 크루소』의 한 대목이다. 로빈슨은 예기치 않은 풍랑으로 홀로 무인도에 난파하게 되었다. 척박한 무인도 생활이 처음에는 처참한 고독과 외로움을 주었다. 그러던 중 난파될 때 같이 떠내려 온 성경을 읽게 된다. 로빈슨은 성경을 읽으면서 깨닫는다. 이곳에서도 자신을 향한 하나님의 섭리가 있음을 말이다. 무인도 속에서도 하나님과 동행하는 법을 터득한 것이다. 홀로 무인도의 척박한 현실을 이겨내야 했지만 로빈슨은 그곳에서 무인도 이전의 삶보다 더 행복하게 28년 2개월 19일을 지내게 된다. 작가 다니엘 디포는 사망의 음침한 골짜기인 무인도와 거기에 갇힌 로빈슨이라는 인물을 빌어 하나님의 인도와 보호를 말하고 싶었다.

무엇이 우리를 두렵게 만드는가? 무엇이 우리로 하여금 믿음을 약하게 만드는가? 대부분 척박한 환경 아닌가? 일이 잘 안 풀리고 병이 들고, 예기치 못한 문제가 생겨 다소 어려운 문제에 봉착할 때 그런 것들은 우리를 거세게 짓누른다.

사람들은 골짜기 없는 인생을 원한다. 허나 인생이 어디 그런가? 어디에나 골짜기가 있다. 인생을 바다로 비유하면 바다에는 풍랑이 없을 수 없다. 우리의 기도는 험한 풍랑이 없게 해달라는 나약하고 비현실적 기도가 아니라, 풍랑 가운데서도 요동하지 않으며 당황치 않고 극복하는 강인한 믿음을 달라고 기도해야 한다. 예수님이 풍랑 속에서도 믿음 가운데 단잠을 주무실 수 있었듯이, 요셉이 이집트 총리로 머물면서 7년의 풍년과 7년의 흉년이 있었지만 14년 모두 하나님의 섭리가 있다고 보았듯이…….

다윗이 왕에 올라 궁전에 있을 때만 하나님의 인도와 보호가 있는 것이 아니었다. 광야에서도 하나님의 보호와 섭리가 있었다. 그렇기에 하나님을 신뢰하는 자는 풍랑 속에서도, 음침한 골짜기를 지나도 노래할 수 있다. 하나님의 자녀에게는 하나님의 마스터플랜이 반드시 있다.

23.
그리스도인, 정복자가 되다

좋은 것으로 네 소원을 만족하게 하사
네 청춘을 독수리같이 새롭게 하시는도다(다윗의 시 103:5).
다윗이 나이가 삼십 세에 왕위에 올라 사십 년 동안 다스렸으되 헤브론에서 칠 년 육 개월 동안 유다를 다스렸고 예루살렘에서 삼십삼 년 동안 온 이스라엘과 유다를 다스렸더라(삼하 5:4, 5).

모험하는 뜨거운 신앙

마르틴 안데르센 넥쇠의 『정복자 펠레』는 식어진 가슴으로 하루하루 근근이 살아가는 무기력한 아버지 라새와 고동치는 가슴으로 세상을 바라보는 그의 아들 펠레의 이야기를 다룬다. 부자는 높은 임금을 받는 좀 더 나은 생활을 위해 스웨덴을 떠나 덴마크의 작은 섬으로 이주해 온다. 그러나 처음 기대와는 달리 이주자로서 열악한 조건의 부당한 대우를 받으며 고된 일상만 보냈다. 그런 현실 속에서 아버지 라새는 불평만 할 뿐 어떤 삶의 도전도 없이 무기력하게 지낸다. 반면 아들 펠레에게는 모든 것이 배움이었기에 척박한 현실을 자양분 삼아 점점 정신과 육체가 성장한다. 시간이 흘러 이제는 가슴 뛰는 삶을 위해 그 작은 섬을 떠나는 모험이 필요했을 때, 아버지 라새는 자신은 나이가 많다며 머뭇거리고 현실에 주저앉고 만다. 어린 펠레만 보낼 뿐이었다.

이 작품은 영화로도 제작되었는데, 영화 속 마지막 장면에서는 두 부자가 하얀 눈밭에서 서로의 갈 길을 향해 악수를 하고 헤어진다. 무력하게 현실에 안주하는 아버지 라새와 끊임없이 배움과 새로움을 향해서 도전하겠다는 펠레의 발걸음이 교차되어 강한 인상을 남긴다.

생명력을 지닌 인간이 열정과 열망 없이 살아간다는 것은 살아있더라도 죽은 것이 아닌가 한다. 단지 생명을 근근이 유지하면서 살아가는 것이 하나님이 뜻하신 삶은 아닐 것이다. 나의 가슴은 어떠한가? 아버지 라새처럼 현실에 무력해진 식은 가슴인가? 펠레처럼 그 현실을 돌파하기 위해 도전하고 모험하는 뜨거운 가슴인가?

성경 인물 중에는 다윗보다 훌륭하고 멋진 다른 이들도 많다. 그럼에도 이스라엘 민족은 오늘날 이스라엘의 국기에 다윗의 별을 넣어 그의 신앙을 흠모하고 있다. 다윗은 하나님 마음에 맞는 자였다고 성경은 말한다(행 13:22).

어떻게 그런 실수투성이의 사람이 하나님의 마음에 맞을 수 있었을까? 모세처럼 온유함이 컸던 것도 아니었고, 요셉이나 다니엘처럼 완벽남도 아니었고, 아브라함처럼 믿음의 조상이라고까지 불릴 만한 자가 아니었는데 말이다. 그것은 그의 열망, 뜨거운 가슴 때문이었다.

다윗은 목동시절과 광야 생활 30년, 헤브론에서 유대 왕으로 7년 그리고 통일 이스라엘 왕으로 33년, 총 70년을 사는 동안 수많은 격정의 삶을 살았다. 살펴본 바 그는 매사에 열심이었으며 가슴은 열망으로 가득 차 있었다. 그 열망은 다름 아닌 하나님을 향한 것이었다. 하나님을 기쁘게 해드리고 싶었다.

목동이었을 때나, 광야에 있을 때나, 왕이었을 때나 그에게는 항상 하나님을 향한 열망이 있었다. 그분을 위해 항상 도전하고 모험하였다. 신앙의 심지는 항상 곧게 주를 향해 뻗어있었다. 때론 악기를 통해서 그의 마음을 노래로 곧잘 표현했기에 주변 이들도 그의 굳은 심지를 익히 알아차렸다.

즉, 다윗은 '어떻게 하면 하나님이 기뻐하실까'에 대한 생각과 열망으로 가득 차 있는 사람이었다.

어떤 일이든 그 일이 하나님의 영광이 되기를 궁극적으로 희망하였기에 맡겨진 일들은 그냥 때우고 마는 식의 일들이 될 수 없었다. 오히려 열정과 성실의 토대 위에 창조적으로 더하여졌다. 그렇다 보니 시대의 변화를 읽는 기민함과 모든 환경을 선으로 소화시킬 수 있는 환경소화력이 길러졌다. "하나님의 이름을 자랑하겠다."(시 20:7)는 고백처럼, 그는 하나님을 기쁘게 해드리고 싶었다. 그렇게 살고 싶었다. 그의 가슴은 나이가 젊을 때나 많을 때나, 죽음을 앞두고서도 언제나 하나님을 향해 고동치고 있었다.

여호와의 궤를 멘 사람들이 여섯 걸음을 가매 다윗이 소와 살진 송아지로 제사를 드리고 다윗이 여호와 앞에서 힘을 다하여 춤을 추는데 그 때에 다윗이 베 에봇을 입었더라 다윗과 온 이스라엘 족속이 즐거이 환호하며 나

팔을 불고 여호와의 궤를 메어오니라(삼하 6:13-15).

하나님의 임재 상징인 언약궤를 블레셋에서 되찾았을 때 일이다. 너무 기뻐한 나머지 왕의 체통도 잊은 채 공개석상에서 덩실덩실 격정적으로 춤을 춘다. 즐거움과 기쁨을 감추지 못한다. 그 모습을 본 아내 미갈이 민망하다며 흉볼 정도였다. 얼마나 그가 하나님을 좋아하고 사랑했는지 보여주는 대목이다.

인생 여정의 마침표를 앞둔 순간에 하나님의 성전이 자신이 사는 궁보다 못한 것이 못내 죄송스러워, 멋진 성전을 마련해드리고 싶었던 것도 하나님을 향한 열망이 있었기 때문이다. 이 외에도 다윗이 쓴 70여 편의 시편은 그의 하나님을 향한 열정이 하루에도 수없이 솟아올랐음을 증명해주고 있다.

물론 다윗에게도 나태함과 실수가 있었다. 역사에 길이 남을 만한 치부를 드러내는 일들도 저질렀으며, 적지 않은 잘못들로 입방아에 여러 번 오르내리기도 하였다. 그럼에도 이스라엘 민족은 하나님을 기쁘게 해드리고 싶어서 안달이 난 그의 열망에 존경과 감탄을 보낸다.

지금껏 살펴보았듯이 다윗도 우리와 같았다. 그리 특별한 사람이 아니었다. 다만 하나님이 그를 사용하실 수밖에 없었던 것은 그가 하나님을 온 마음으로 사랑하였기 때문이다. 그분이 기뻐하는 일에 자신의 온 생애를 던져버리는 그 마음을 귀하게 여기셨다.

자기혁명이란 무미건조함으로부터 스스로를 갱생하는 것이다. 하지만 인간이 아무리 노력한들 얼마나 자신을 개혁할 수 있겠는가? 얼마나 오래가겠는가? 작심삼일이라는 말이 괜히 있을 리 없다.

그러나 하나님을 기쁘시게 하며 살고 싶다는 열망은 스스로를 개혁하도록 이끈다. 모든 일을 시작하거나 마칠 때 '하나님이 기뻐하실까?', 이렇게 사는 것을 '하나님이 좋아하실까?' 가 끊임없이 내면에서 제기되기에 사명을 향해 달려갈 수 있다. 일의 결과를 넘어, 성과가 아닌 그 과정 가운데서 차분하고 끈기 있게 기쁨을 갖고 나아갈 수 있다.

> 하나님이여 내 속에 정한 마음을 창조하시고 내 안에 정직한 영을 새롭게 하소서(다윗의 시 51:10).

다윗은 자신의 마음이 행여나 더러운 것으로 오염되지 않도록 그분 앞에서 끊임없이 새로워지기를 원했다. 하나님께서는 중심을 보시는 분이시기에, 자신의 중심이 하나님 앞에 바로 서 있는지를 계속하여 점검할 수밖에 없었다. 하나님을 기쁘게 해드리고 싶다는 열망이 다윗으로 하여금 자기혁명을 가능하도록 한 것이다.

> 좋은 것으로 네 소원을 만족케 하사 네 청춘으로 독수리같이 새롭게 하시는도다(다윗의 시 103:5).

주 앞에서의 이 같은 자기 탐구는 독수리가 비상하듯 다윗의 비전과 이상을 점점 높였다. 저급한 세상의 것들에 목숨을 걸지 않았다. 독수리는 가장 높이 떠서 전체를 내려다보는 시야가 있다. 그는 독수리와 같은 넓은 시야로 통찰력 있게 신앙과 현실을 조합할 수 있었고 도전과 모험의 영성을 소유할 수 있었다. 거친 돌부리에 넘어져도 툴툴 털고 일어나는 강인함과 용맹함을 가질 수 있었다.

하나님을 향한 열망의 심지 하나가 타오름으로 현실에 안주하지 않게 되었으며, 왕이 되기 전 30년을, 왕이 되어서 40년을 매 순간 청춘처럼 살게 된 것이다. 그 70년 동안 어떤 위치에 있든, 얼마나 나이가 들었든 다윗은 기쁘게 하나님의 이름을 널리 전하고 싶은 영적 정복자였다.

영적 정복자가 되라

『큰 바위 얼굴』의 어린 어니스트는 어머니로부터 언젠가는 마을에 있는 큰 바위 얼굴과 닮은 위대한 사람이 나타날 것이라는 이야기를 듣는다. 유독 큰 바위 얼굴에 얽힌 이야기는 어니스트의 마음을 뛰게 만들었다. 이후 매일 어니스트는 큰 바위 얼굴을 동경하며 성장기를 보내다가, 결국에는 그 자신이 큰 바위 얼굴의 그 사람이 된다.

무엇을 동경하며, 무엇을 소망하는가에 따라 나는 그 무엇대로 만들어져가는 법이다. 이 땅에 보내진 예수님은 하나님을 바라보면서 기쁨으로 자신의 사명을 가슴 떨림으로 감당하며 사셨다. 사도 바울도 예수님이 좇으셨던 '하나님이 진정 기뻐하는 것이 무엇일까'를 항상 고민하고 동경하며 살아갔다. 이후 그는 거칠고 다듬어지지 않은 핍박자에서 하나님의 형상을 닮은 영적 정복자의 모습으로 환골탈태했다.

우리는 사도 바울이 나태하게 과업을 이어갔다는 글을 본 적이 없다. 굴곡 있는 삶이었지만 하나님을 기쁘시게 해드리고 싶다는 신앙의 심지가 흐르고 있었기에, 그는 누구보다도 행복한 인생을 살아갔으며 주님을 닮아가던 신앙의 선배였다.

하나님을 모르는 이는 하나님을 기쁘시게 하고 싶은 열망 속에서 얻는 그 행복을 모른다. 그런 사람은 하나님의 형상이 이 죄악된 세상에서 회복되지 않는다. 그런 자에겐 어떠한 하늘의 능력도 주어지지 않는다.

다시 『정복자 펠레』의 이야기를 보자. 아버지 라새와 아들 펠레의 차이는 '늙음'과 '젊음'이 아니었다. 열망을 쏟을 수 있는 비전의 대상이 '있음'과 '없음'의 차이였다. 사울과 다윗을 보자. 배경과 환경이 둘의 인생을 결정한 것이 아니었다. 열망을 쏟을 수 있는 하나님, 그분이 '있음'과 '없음'의 차이였다.

우리는 하나님의 형상을 닮은 창조주의 자녀로서 진정 하나님을 향한 열망이 있는가? 세상을 향해 '가서 제자 삼으라.'는 주의 명령을 따라 그리스도인으로서 기꺼이 모험하는 영적 정복자인가?

우리에게 비전의 대상이신 '하나님'을 향한 순수한 열망이 드러나, 다윗처럼 하나님의 이름을 널리 자랑하는 정복자 그리스도인의 삶이 되기를……

다윗은 그랬다.

David

에필로그

　전임 교역자 시절 정말로 값진 경험을 할 수 있었는데, 바로 수요예배를 전담으로 맡아 말씀을 전하는 것이었다. 성경의 한 권을 택하여 연속해서 강해할 수 있는 기회였다.
　고민하던 중 선택했던 한 권은 시편이었다. 이유는 역사서나 복음서처럼 이야기가 아닌 시적 표현이 많다 보니 저변에 묻혀 있는 역사적 내용은 모른 채, 겉만 훑고 지나치는 듯한 인상을 받았기 때문이다. 이런 기회를 통해서 교우들에게 시편의 감춰진 보물을 보여주고 싶었다. 개인적으로도 평소 의욕을 갖고 있던 본문이었기에 새로운 영역에 도전하는 마음으로 성실하게 준비하였다.
　매주 수요일마다 시편을 강해하며 접했던 본문은 주로 다윗의 시였다. 그의 시편 대부분이 앞쪽에 있다 보니 자연스레 가장 많이 연구하고 묵상할 수 있었다. 그렇게 2년여 동안 다윗의 시를 묵상하며 느낀 것은 이전에 생각하던 다윗과 너무나도 다른 사람처럼 보인 것이다.

물론 신학교 시절부터 성경과 다윗에 관련된 책들을 적잖이 읽어봤으므로 다윗에 대해서 '아주'는 아니라도 '잘' 알고 있었다고 스스로 생각했다. 그러나 시편에 나타난 다윗의 고백을 파헤쳐 보니 완전히 다른 사람처럼 보였다. 연약한 다윗을 하나님이 사용하셨다는 이런 단순 도식적인 인물평가가 아니었다.

시시때때로 감정의 기복이 있었고, 때론 불평과 불만이 가득한 투덜이 같았으며, 믿음이 좋은 것 같으면서도 뒤로 호박씨를 까듯 세상적 꾀를 부리기도 하고, 골리앗을 쓰러뜨린 패기만만한 모습만 있던 것이 아니라 고통스런 병에 걸려 눈물로 이불을 적시는 등 이 외에도 많은 부분에서 보통 우리와 비슷한 이였다.

흔히 다윗 하면 '골리앗을 쓰러뜨린 용감무쌍한 용사'라는 영웅적 모습이 강한데 그게 전부가 아니었다. 물론 어떤 부분에서는 다윗의 탁월함이 묻어나기도 하지만(우리도 어떤 면에선 다른 이보다 더 나은 점이 있지 않은가?)

에필로그 249

어느 순간엔 보통 사람들보다도 못한 다윗의 모자람이 드러나기도 했다. 타의로 혹은 자의로 실패에 실패를 거듭한 모습들에서는 동정까지 불러일으킬 정도였다. 요즘 세대들이 이 모습을 본다면 '루저'라고 일컬을지 모르겠다.

아니! 도대체 어떻게 이런 사람이 성경과 역사에 길이 남을 인물이 되었나? 이런 의구심이 수없이 들었다. 그런 와중에 시편과 다윗의 행적이 녹아 있는 역사서를 넘나들며 묵상과 연구가 거듭될수록, 점차 다윗은 티끌처럼 작아 없어지고 다윗에 가려졌던 하나님이 큰 바위처럼 보이기 시작했다. 그 큰 바위는 다윗이 약해지고 절망스러울 때마다 그를 지탱해주었다. 그 큰 바위는 세상의 수많은 가치관 속에서 진정 사람이 좇아야 할 의인의 비전으로 이끌어 주었다. 다윗 또한 그 큰 바위 되시는 하나님을 바라보며 인생을 건축해갔다. 다윗이 위대한 것이 아니라 그가 바라본 하나님이 위대했던 것이다.

이런 다윗에 관심을 가지고 심층적으로 묵상을 하니 무엇보다 득을 본 이는 나였다. 처음에는 성도들을 위해 시작한 시편 연구가 다윗으로 이어지고, 그의 인생을 경영하신 하나님을 목도하게 되니 나의 내면에서 변화가 일어났다. 많은 상처와 장애가 치유되는 과정을 겪게 되었다. 내 안에 뒤처지게 하는 과거 지향적 소심함이 아니라, 점점 미래지향적 소망과 비전이 생겼다.

다윗이 원래 위대한 자질을 가진 사람이 아니었다는 것, 오히려 약섬 많고 부족한 점이 많았기에 하나님을 붙잡을 수밖에 없는 사람이었다는 것……. 그렇기에 나도 그처럼 하나님을 붙잡기만 하면 내 삶의 자리에서, 그 자리가 크든 작든 다윗처럼 쓰임 받을 수 있다는 소망이 내 안에서 꿈틀거렸다.

나는 이 글의 독자도 이 소망과 희망을 발견하길 바라며 글을 썼다. 신학도나 전문인들에게 지식을 더하는 주해가 아닌, 절박하고 무너진 심정으로 가느다란 소망을 찾는 이에게 조금이나마 도움이 되고 싶었다.

  나아가 다윗만 그 시대의 위인이 아니라, 우리도 각 삶의 자리에서 하나님이 사용하시는 '위인이자 의인'이 될 수 있다는 신앙적 목표점을 되새기고 싶었다. 한없는 부족함으로 쓰였더라도, 독자들이 '다윗과 하나님'의 관계를 통해 '자신과 하나님'의 관계를 상고할 수 있다면 나의 본분은 여기까지도 괜찮을 듯싶다.

  사실 휴일과 잠자는 시간을 쪼개어 글을 쓴다는 것이 힘에 부치기도 했다. 하지만 목동이었던 조그마한 다윗을 붙들어 주셨던 그 하나님이, 조그마한 사역자인 나 또한 붙들어 주셨기에 이렇게 글을 쓸 수 있었다. 부족한 지면에 다 풀지 못한 다윗의 삶을 언젠가 더 나누기를 원한다.

  성경이 증언하듯이 연약한 이가 어떻게 시대를 깨웠으며, 어떻게 그 초월적 존재의 인도와 보호를 받게 되는지 목격하기를 소망한다. 더하여 저런 환경에서 저런 이도 하나님께 쓰임을 받았다면, 나 또한 이 시대의 다윗으로 부름받지 못할 이유가 없다는 담대한 영감을 얻길 기대한다.

 다윗 이야기를 응원하고 중보해준 사랑하는 가족, 교우 분들과 깊은 신뢰를 보내주신 생명의말씀사에 깊은 감사를 드린다.

사명선언문

너희가 흠이 없고 순전하여……세상에서 그들 가운데 빛들로
나타내며 생명의 말씀을 밝혀 _ 빌 2:15-16

1. 생명을 담겠습니다
만드는 책에 주님 주신 생명을 담겠습니다.
그 책으로 복음을 선포하겠습니다.

2. 말씀을 밝히겠습니다
생명의 근본은 말씀입니다.
말씀을 밝혀 성도와 교회의 성장을 돕겠습니다.

3. 빛이 되겠습니다
시대와 영혼의 어두움을 밝혀 주님 앞으로 이끄는
빛이 되는 책을 만들겠습니다.

4. 순전히 행하겠습니다
책을 만들고 전하는 일과 경영하는 일에 부끄러움이 없는
정직함으로 행하겠습니다.

5. 끝까지 전파하겠습니다
모든 사람에게, 땅 끝까지, 주님 오시는 그날까지
복음을 전하는 사명을 다하겠습니다.

서점 안내

광화문점 서울시 종로구 새문안로 69 구세군회관 1층
02)737-2288(T) 02)737-4623(F)

강남점 서울시 서초구 신반포로 177 반포쇼핑타운 3동 2층
02)595-1211(T) 02)595-3549(F)

구로점 서울시 구로구 시흥대로 577 3층
02)858-8744(T) 02)838-0653(F)

노원점 서울시 노원구 동일로 1366 삼봉빌딩 지하 1층
02)938-7979(T) 02)3391-6169(F)

분당점 경기도 성남시 분당구 황새울로 315 대현빌딩 3층
031)707-5566(T) 031)707-4999(F)

신촌점 서울시 마포구 서강로 144 동인빌딩 8층
02)702-1411(T) 02)702-1131(F)

일산점 경기도 고양시 일산서구 중앙로 1391 레이크타운 지하 1층
031)916-8787(T) 031)916-8788(F)

의정부점 경기도 의정부시 청사로47번길 12 성산타워 3층
031)845-0600(T) 031) 852-6930(F)

인터넷서점 www.lifebook.co.kr